POA 极简管理哲学

这才是POA

可复制的极简管理哲学

Password for Correct Decisions and Effective Actions

查理／著

中国法制出版社
CHINA LEGAL PUBLISHING HOUSE

序一 IT'S TRULY POA

在进入阿里巴巴湖畔大学学习前，我对“组织”并不真正理解。以前听到“组织”，第一反应是政党或社会团体。在企业，人们通常认为组织是公司、人事或团队。

在湖畔大学，马云跟我们提到使命、愿景、战略和组织、人才、KPI（Key Performance Indicator，关键绩效指标）。组织这个词被高频度提到。可以说，阿里巴巴的成功秘籍一半在成功的组织打造上。

接下来的学习中，无论是阿里巴巴合伙人的分享还是柳传志、冯仑等成功企业家的分享，多次印证了组织在创业过程中的重要性。虽然一个公司的目标、模式会变，但组织是会变得越来越坚实的。

后来，马云还带着湖畔大学所有师生去古田，学习古田精神；去延安了解当时的抗日军政大学和延安的13年历程。让大家惊讶的是，组织在中国共产党的发展历程上起到了关键作用，甚至是决定性的作用。

在湖畔大学学习后，我惊喜地发现，虽然我对组织这个概念认知不全面，但对组织形态的认知在这之前就已经很深了。

从小我们在学校里就一直被要求，要有组织纪律。事实上，学校里虽然都是集体活动，但很少有真正的团队组织。教育的指向，更多的还是个人成绩。组织这个词更多地被理解为约束。我从小是一个偏内向的小孩，没有做过班干部，也很少参与学校要求外的集体活动。运动会报的项目是跳高和短跑，那个时候，反倒觉得特立独行是很酷的事情。

这样的状态一直持续到上大学。我大学学校还不错，再加上住读，家长便不再管我，班主任对我也比较客气，我更是成了一只飞离金笼的“小鸟”。

第一次真正理解组织，是我在大学里开始创业的时候。其实也就是做个小买卖——在校园里卖体育用品，主要产品是网球拍和篮球鞋，还卖一些服装。

我知道自己性格内向，所以我游说了4位交际广泛、人脉资源丰富的同学加入。我主要是组织货源，他们负责销售。这就是我搭建的第一个组织的雏形。业务做得不错，大家都赚到了体面的生活费。20世纪90年代，我们几个做到了保龄球自由（可以随时翘课去打保龄球）。这样的状态持续了1年，接下来，大家因为各自的目标就散伙了，我也开始去律师事务所实习了。这一年，我体会到，一个组织其实是可以因目标而聚的，也可以因目标而散。后来，我们叫这样的组织为自组织。

我进入一家上海排名前三的合伙制律师事务所实习。律师事务所的组织形式是几乎没有组织，每个律师都是老板，自负盈亏。某种意义上，律师和菜市场承包摊位的小老板无异。不过，5年的专业服务工作经历让我看见了另一种无形的组织的存在。客户和律师在委托的时候是甲乙双方的关系，但一旦形成了委托关系，就成为伙伴，律师往往成为客户组织中的一员。而一名律师，会同时加入很多个组织，在不同的组织里承担相似的职责，同样也对组织的目标负责。这可能就是无边界组织的一种雏形。

2003年，我从英国读完研究生，回国创业，成立了自己的管理顾问公司，先后做过教育投资顾问和法律猎头顾问业务。在每个业务中，我和我的同事都是以外部专家的身份进入客户的组织。现在回想起来，当时受到客户认可的重要原因就是我能够很快融入对方的组织，以客户的视角来全面投入，而不是总把自己当作外部的乙方顾问。

2008年，四川省汶川县发生大地震。当时，我带着25位心理干预志愿者第一时间赶去灾区。当时，我还遇到很多自发赶往灾区的志愿者。到达灾区后，我们发现，因为交通限制、物资匮乏等情况，个人志愿者几乎帮不上什么忙。留在成都的我们像无头苍蝇一样——干着急。由于我之前创业的关系，我在去之前就搭建了一个当地的自组织网络。我联系了一家当地企业，帮助搞定车和通行证。我又把自己筹集的捐款直接转给了成都家乐福的同学，让她帮忙安排采购和物流。毕竟灾区物资需求每天在变化，我需要一个能快速反应的供应链——柔性供应链。

从汶川县回来后，我决定投身公益，我把自己的2家公司以1元的价格拱手相让给同事，成立了自己的公益机构：上海益优青年服务中心。2009年，我被任命为2010年上海世博会20万名志愿者的总教官。大部分世博会志愿者来自高校和企业的志愿者团队，每个人的服务期是2周，提前培训大约是3天。铁打的营盘，流水的兵。这也给我创造了一个很好的机会，去尝试打造这个流动的超级自组织。而POA行动力这个思维模型也就是在这个时候诞生了。

POA当时产生的背景就是，面对这么多来自不同领域、不同背景的志愿者，且又没有足够的时间进行培训和团建，如何能让他们协力共建。我发现，必须让每个人都能在统一的目标和统一的思维框架下行动，这样就避免了很多这种分散流动型组织的决策问题。在一次和高中物理老师沟通的过程中，我受到了启发。以牛顿第二定律为基础演变出了POA这个化繁为简的决策思维。

世博会结束后，我的机构找到了一个工作方向，就是专门为那些社会动员型的公益项目赋能，比如支教、垃圾分类、助残敬老等。一方面，我们联系企业志愿者，另一方面对接当地公益机构，就一个具体的O（objective，目标）组建临时志愿小组。小组因O而建，O实现就解散。在接下来的几年里，每年我们组织动员的志愿者有5万人次，运营的公益项目有168个。这些都是在去中心化的组织架构下完成的，而所有志愿者也都接受快速的POA培训，以确保在不确定中大家能达成共识。

我于2015年进入湖畔大学，2016年重返商业。我用POA帮助多家湖畔大学同学的企业做了组织的变革，这些变革也取得了一定的成绩。毕竟大部分管理者没有我这样的自组织经验，他们对自组织可能带来的失控有恐惧心理。2017年，我临时加入湖畔大学同学的一家企业，在POA的赋能下，帮助这家企业打造了一个无边界自组织的模型。在这个模型下，公司的业务得到了飞速发展。随后，公司的融资也非常顺利，8个月时间，公司估值从5亿元变为20亿元。又过了6个月，估值变成了30亿元。

认识查理是2018年年初，不到一年的时间，当我再次见到他的时候，他已经炉火纯青地把POA运用在规模型企业管理上。更让我惊喜的是，他利用自己多年的管理创业经验，尤其是在HR领域的实战经验，把POA升华到一个新的组织发展维度。而这些是我之前没有涉及的。我和大家一样非常期待看到这本书。我相信，这本书会给你过去很多关于组织方面的疑惑以一个底层的答案。

——亚孚石化COO/湖畔大学一期班委/“半度先生”品牌创始人

张宁

序二 IT'S TRULY POA

见证极简和可复制的思考法

如果我们有机会去采访一位成功者，问他成功的秘诀是什么，他会告诉你3条，还是30条呢？

我想不太可能是后者，甚至可能只有1条。所谓的秘诀其实就是一种思维方式，并且被发挥到极致，就好像“长期价值投资”之于巴菲特一样。

我们每个人都需要这样的思维方式，帮助我们在这个瞬息万变的时代里，在噪声之中找到真正有价值的信息。在我看来，这样的思维方式必须是极简且可复制的。只有极简，才容易掌握，让人愿意随时使用，不只流于纸面。而如果不可复制，就意味着过于复杂并难以应用。

POA行动力思维就是这样一种极简而可复制的思维方式。

初见本书作者查理，是在2018年的一次POA行动力的训练营。让我印象特别深刻的是，他学以致用的行动力。训练营结束后不久，他就在微信群里和我们分享了他用POA思维3分钟解决一次高管之间争执的精彩案例。从此以后，他就在践行POA思维的道路上一路飞奔。他写这本书的过程本身就是POA行动力循环（明确目标、伙伴共创、加速行动）的最佳例证之一。

在多年的POA教学和推广过程中，我见过形形色色的POA爱好者。查理既不是最早接触POA的，也不是行动最迅速的，但他一定是思考最深入的那位。在这本书里，查理把POA思维和他丰富的创业经验、企业管理经验相结合，有理论，更有实践经验。他还独创性地提出了“POA组织促动飞轮”模型，把POA思维的应用提升到组织发展的高度。这本书的出版是POA思维的推广和发展中一次强有力的加速。

如果你关注创业和组织发展，这本书当然值得一读。

如果你正在寻找一种极简并且可复制的思考法，那恭喜你：你找对了。

POA行动力联合发起人

朱颖磊

前言

IT'S TRULY POA

俗话说“开卷有益”，当您翻开这本书的时候，您将会进入一个全新的思维世界，将会了解一个全新的思维框架POA。也许您会感到这个思维框架和您目前在用的不太一样，它并不是马上帮助你解决问题，而是先让你审视问题，看清楚了再动；也许您会惊讶于这个思维框架的简单有效，它只有3个基本元素却能应对诸多问题；也许您会欣喜于这个思维框架正是您正在寻找的有效管理工具，它能很自然地融合纷繁的各类管理流派，吸取其精华。

张爱玲曾经说过一句话：“缘分天注定，很多事情强求不得，你越强求，只会离你的缘分越远，终其一生也难找到心中所爱。”

这句话初次读朴实无华，句中无非4个关键字：缘分、强求、越远、所爱。“缘分”解释了互动的成因，“强求”告诉了一个手段，“越远”就是一个结果，“所爱”应该就是一个目标。如果请你给这4个关键字排个顺序，你会如何排列呢？

4个关键字，谁在前，谁在后，如何排列站队，都没有所谓的对错，它可能代表这4个词在你心中的重要性，它也可能说明你对这4个词的喜爱偏好，它还可能说明你曾经经历的情感体验。但有一个事实你我都无法忽略和回避，4个词的排序也确实都呈现了一个现实：你思考问题的方法。

当我引出这个小问题的时候，你可能还在懵懂，甚至会有深深的不解和质疑：一句普普通通的句子怎么跟思考问题的方法相关联呢？是否有些哗众取宠？是否有些故弄玄虚？是否有些矫揉造作？甚至是否有些上纲上线呢？

所有这些展现出来或没有展现出来的问题，都曾在我脑海中闪现过。为了回答这些问题，我曾经和自己头脑风暴过，曾经和同业交流过，曾经在各类沙龙中和伙伴激烈争吵过。在经历过这一切思维的碰撞后，我的脑海中慢慢出现了一幅清晰的画面，画面中有人物、氛围、分工、规矩，所有这些要素最终构成了一座“桥梁”。

一边是来自生活中微乎其微的小事情、小片段，另一边是上升到哲学方法论的思考问题的方法，这一小一大，一点一面，是如何串联起来的呢？这中间的桥梁是什么呢？这就是本书希望带给你的收获和我写书的初衷，慢慢向你展示这座“桥梁”是如何构建的。

张爱玲说到的缘分到底是什么？恐怕没有精准的答案。在和POA邂逅的过程中，貌似有这样一点点的感悟：缘分就是一种寻寻觅觅，无意间发现静候阑珊处的惊喜和通透。能和POA邂逅，表面是缘分，背后也是自己的思维方法，发现终于遇到了能归纳这个方法的语言和表述。

作为管理者，一直在摸索工具、理论、框架和实操之间的平衡，这个平衡鉴于“逻辑上的通透”和“实践起来的难易”，逻辑上讲得通，做起来可能完全不是一回事；做起来很有效，但缺少逻辑主线，无法复制或传播，往往传播出去的只有教条和形式，没有思考。对这个平衡的不断寻找，就成为“我心中的所爱”，算是一直以来的目标。

明确了目标后，我便走上了“强求”的道路。这个“强求”的方法也就转变为参加各种沙龙，因为坚信智慧在民间，实践出真知。这个思维框架指导着自己的行动，我可以放弃休息去倾听、去学习。分享的人就在那儿，分享的知识就在那儿，如果在某个瞬间忽然和你心中心心念念的那个目标契合匹配了，恭喜你，缘分来了。所以，缘分是你持续努力的回报。

思维决定行动。不同的行动必然会出现不同的结果，出现的结果在特定的大环境下（如互联网时代、自媒体时代）又会得到放大，然后出现未知的、不可预测的结果，周而复始，推动着变革。

从误打误撞接触到POA极简思考法，再到被这种思考方法所征服，到深入学习理解，不断身体力行，最终形成了这本书。我相信，这本书能够帮助更多的人了解这种思考方法。

思考方法改变了，人生也会发生大转变。

本书将带领大家挑战现有的思考方法，帮助大家以POA为载体进行“思维整理”，提升自己的生活品质，让工作、生活不再凌乱。

本书是POA极简思考法最好的实践，得到大量伙伴的倾力支持和协助，从选题策划、大纲拟定到成书的过程，得到秋叶商学院、POA商业学院和中国法制出版社的大力支持，也感谢参与本书编辑的王亚璇女士，以及亲子教育专家杨娜女士在“把孩子当作伙伴”章节给予的支持和建议。本书也获得众多企业家朋友的鼎力支持，在此一并致以最真诚的感谢，最后感谢家人持续的支持和鼓励。

目录

IT'S TRULY P O A

03 第三章 POA三支柱之重新认识目标O

什么是目标，它来自哪里？以及为何要费心于目标？目标就像你的指南针，告诉你方向，帮你弄清楚需求的决策动机。但现实是，很多人目标不清或者自动忽略目标，那就等于丢掉指南针跑进原始森林。

04 第四章 POA三支柱之重新定义伙伴P

我们常说“人多力量大”，这句话正确吗？衡量“人多”，是否还有更重要的因素呢？这背后的核心问题就是：什么样的人越多越好？你的理解直接决定着未来和什么样的人一起走下去，不管是创业、合作还是生活。

05 第五章 POA三支柱之重新选择方法A

“方法总比困难多”这句话曾经是激励人们走出困境的金句，但现在方法不是少了，而是太多了，多到泛滥，多到超载，对于方法的选择本身就变成了一种负担，因为每种方法背后其实都对应着时间和精力的消耗，都有成本的代价。那如何选择更好的方法呢？选择方法需要注意哪些方面？

06 第六章 转起来才有用

作为小循环的三支柱P、O、A，在系统里它们都有自己的位置以及使命，它们又是如何互相作用和影响的呢？转起来的系统会释放出怎样的价值呢？“静如处子，动如脱兔”，一起来看看动起来的“智慧”。

07 第七章 “转”起来的POA，商业组织的促动飞轮

“公司”也常被称为“商业组织”，那去掉商业，“组织”是什么意思呢？“组织”这个词经常被提及，但很少被充分解释，于是“组织”往往就成了“团队”或“机构”的代名词。那么，组织和POA又有什么联系呢？

08 第八章 促动飞轮重塑商业组织

大环境的不确定性加剧，左手“灰犀牛”，右手“黑天鹅”，组织负债集中挤兑效应凸显。

促动飞轮的使命就是回溯商业本质，围绕着P、O、A 3个核心要素还原思考路径，构建商业循环。

我们用敏锐的洞察力和颠覆的价值主张，帮你提炼最神秘、最隐形的组织负债，从组织进化的生物态视角唤醒沉睡的“组织账”。

09 第九章 融会贯通，在任何场合都能灵活运用

截至目前，我们所讨论的POA都是在企业、组织这样的商业环境下的运用，很幸运，在我们更熟悉的日常生活中，在丈夫和妻子，父母和孩子以及朋友之间，同样也可以运用POA。因为它是一种底层思维，帮助你更新你的认知系统。

10 第十章
POA：可复制的极简哲学

此刻我们身处一个“不安的时代”，极度混沌，看不清未来。身处这样的时代，人人都需要确立自己安身立命的“人生哲学”，也就是自己的人生指南针。

IT'S TRULY POA

第一章　POA，正确决策和有效行动的密码

思维决定行动。不一样的思维，决定着不一样的信息处理方式，践行不一样的行动。所以，思维方式决定你如何思考，如何选择正确且合适的路径，并且决定你能否坚持到底。

第一节 | 思维决定行动

在魏、蜀、吴对峙鼎立的三国时期，发生了一件微乎其微的小事。这件小事穿过千年的历史长河进入我们的小学课本（人教版）。

这件小事的主人公叫曹冲，他当时7岁，有一个家喻户晓的老爸——曹操。曹冲做了什么呢？肯定不是“拼爹”，而是“拼智慧”，他成功地称了一头大象的重量。此处说个重点，这头大象是活着时被称的。这件事史称“曹冲称象”。

当时吴国的孙权送给魏国曹操一头“宠物”，但绝对不是“萌宠”，你从“量词”上就可以简单判断出来，不是“只”，不是“条”，是“头”，一头“顶天立地”的大象。久居中原的人们没见过大象这种庞然大物，很好奇这个大家伙到底有多重。于是，在当时的“科技条件”下，如何称出大象的重量就成了百官的难题。有人提议，造个大秤，但大象太大，一脚踩上去，秤就垮了；有人提议把大象切成一块块的，分开称，再加起来，但想到血淋淋的画面人们就于心不忍，更何况曹操喜欢这头大象；百官吵吵闹闹，喧嚣鼎沸，都希望在“老板”面前展现一下，却又都受限于自己的水平和能力。

就在为百官智商堪忧的时候，7岁的曹冲想出了一个办法，这个办法在当时如一股清流，震撼了百官，也一样影响着现在的我们。他让大象先上船，看船下沉了多少，然后做上记号。再让大家卖个体力，把大象赶回到岸上，把一筐筐石头搬上船去，直到船下沉到刚刚画的那一条记号线为止。紧接着，再请大家把船上的石头搬下来一筐筐逐一称重，全部加起来的重量就是大象的重量了。

可以想象当这个方案一被提出来的时候，百官掌声齐鸣，各种赞美之词溢于言表的情景。曹冲用石头作为中介物质，成功称出了大象的重量。

为什么有些官员要造秤，有些官员要宰象，而曹冲只是称石头呢？因为人的思维方法不同，面对问题和选择，作出判断和思考的依据各异，所以结果自然不同！

要造秤的官员，思维虽然略显直接，但还算正常；要宰象的官员其思维放在今天，就是绝对的结果导向，一切以KPI至上来思考问题，只考虑要称重量了，严重混淆了最终目的，称重量只是手段，最终目的是要大象活着，如果只聚焦了手段，而忽略了最终目的，会出现很多匪夷所思的事情。为了完成KPI而完成KPI，大象重量称出来了吗？称出来了，至于大象是死是活，不管，不是我的事，因为没有这个指标。

作为一个1000多年以前7岁的孩子，能想出这个精妙的方法，也确实是聪明过人，善于思考和联想。我们尝试顺着这个思路再进行下去。既然已经开拓了思路，明确了可以找一个中介物质来间接获知大象的重量，那除了曹冲的选择用大石头的方法外，是否还有其他更好的方法呢？

大石头是“死”的，自己不会动，不仅有棱有角还死沉死沉的，需要从船上到岸上来回搬运。当时的秤称大象困难，称大石头估计也需要一番周折，想想一船的石头搬上搬下，辛苦费力不说，士兵还容易受伤。

一个士兵直起腰，抹抹额头上的汗，又一次走上船去搬石头，他心里默默地想："干吗用石头，我们直接上来不就好了吗？"当然，他肯定想不到，就算想到了，也铁定不敢说，但这却是一个比"用石头称重"更好的办法。

大象被赶上岸后，不需要搬石头，只需要先挑选一些体形差不多的士兵，排成几队，直接走上船，等下沉到标记线后，让士兵再全部回到岸上，看看一共多少个士兵，获知一个士兵的重量应该比反复称量大石头要简单多了，而且，士兵自己可以行走，减少了大量的搬运工作。

至此，称大象的这个事情就有了3个阶段的思维变迁：

1. 直接称大象：不管是造秤，还是宰杀，都是硬碰硬地上；

2. 间接称大象：通过大石头这个中介物质，对等地来获取大象的重量；

3. 高效地间接称大象：通过士兵取代大石头，更高效地获取大象的重量。

3个不同的阶段反映和折射出的不同思维方法，是你如何处理信息的方法和逻辑。一个好的方法，能事半功倍，如果选错了方法，事倍功半都是小事，往往可能会断送未来，就像宰杀大象一样，盖棺论定，哪怕获得了"大象的重量"又如何呢？大象都已经不在了。

思维决定行动，这些行动会进一步带来实质性的影响和结果。不管是在生活、学习中，还是在工作中，你觉得真正能谈得来的人，往往是思维差不多的，你说的，对方能懂，对方说的，你能明白，我们称这个状态为“同频”，和你同频的人越多，得到的支持和帮助越多，你要做的事情成功的概率也就越大。能更多地同频他人也是POA的一个重要内容，我们称为“拉P——聚焦伙伴”，后续我们会和大家进一步分析和说明。

平时大家听到、看到的一些信息和新闻或多或少都包含这个“拉P——聚集伙伴”的含义。公司层面上，不少企业开始外包非核心业务，采用新的用工形式，达到“使用而不拥有”的效果，既能得到专业人才的服务和贡献，又能进一步减少人工成本。商业层面上，一些企业，尤其是互联网行业，善于使用他人的资金帮助其快速发展，这也是“拉P（伙伴）”思维的结果。传统企业更倾向于利用自己的利润来逐步发展。这两种思维没有优劣好坏之分，选择哪种全看你要达到什么目的。个人层面上，互联网平台让更多有才华的人脱颖而出，慢慢地不再局限于自己所在的组织，而是成为更多组织平台的“伙伴”，像喜马拉雅、千聊、西瓜视频等都是知识分享的平台，更有像在网络上比较有影响力的老师李永乐的人，他可以让自己的才华跳出中国人民大学附属中学，让自己的课程在更多的平台上分享，被上千万人所观看，这些都是和传统教师的思维完全不一样的。

如果说性格决定命运，那思维就决定行动，感知不一样的思维，就会践行不一样的行动。所以，思维方法决定你如何思考，如何选择正确的事情，并且坚持到底。

第二节 | 在充满不确定性的时代里，只有快速行动是不够的

记得有段话是这么说的："如果我们骑自行车，拼命蹬，1小时不过10公里；如果我们坐汽车，闭上眼睛，1小时可以跑100公里；如果我们坐飞机，吃着美食，听着音乐，1小时可以飞1000公里。同样是人，为什么结果会有如此大的差异呢？因为我们所依托的平台变了，你依托的平台决定了你前进的速度。"

当初读到这句话时，心里就想总结得真精辟。读完后，看看周边的芸芸众生，仿佛就自己是在骑自行车，其他人最差的起码也是电动车，还是小牛牌的。读读新闻，尤其是充满纯铜臭味道的商业信息，3年半上市的还在觥筹交错，1年半上市的已经占据头条，貌似也都在验证这段话。

风口和环境在悄悄地发生变化，多地的P2P平台爆雷，大量的独角兽公司资金断裂造成大裁员，到最后独角兽没有了"角"，只剩"兽"。曾经站在风口的企业，因为速度傲然群雄，却也因为快速扩张造成最终陨落。这个时候，再回过头看看这段话，感觉内容里少了些更重要的信息，一些比速度更重要的关键点。

速度固然重要，1小时的移动距离，有的人是从10公里，有的

人是100公里，有的人甚至达到1000公里，但考虑过目的地吗？这个目的地可能是终极目的地，也可能是阶段性目的地，距离太长，不管是骑车、坐汽车还是乘飞机，都要补给的。另外，考虑过环境因素吗？晴空万里可以全力以赴，乌云密布、电闪雷鸣则要小心翼翼，更何况要是遇到台风等极端天气，绕道都是万幸的，更多的是停止。

如果方向错了，骑车1小时你会偏离10公里，坐汽车1小时会偏离100公里，坐飞机1小时会偏离1000公里，这个时候，速度越慢，你偏离的距离越短，也意味着你浪费的和无效的努力越少。如果环境再差些，你无法明确自己的方向在哪里，需要走一步，看一步，尝试一步，调整一步，速度慢的优势就更加明显了，此时你需要的绝对不是快速了。

速度快，留给你的纠错时间就很短，你一个延迟，就已经错得太多了，需要花更多的精力去修正，结果往往还无法回到原点，有些错误甚至是致命的，可能连第二次修正的机会也没有。

什么影响着你对方向的判断呢？是外部的干扰，就像你拿着指南针在矿场一样，外部的磁场干扰着指南针的度数和结果反馈，外部磁场若是不规律，你的指南针度数就更不靠谱了。我们现在所处的时代充满不确定性，是新技术主导的新世界。

我们现在所处的时代也叫VUCA（乌卡）时代。VUCA是volatility（易变性），uncertainty（不确定性），complexity（复杂性），ambiguity（模糊性）的缩写。VUCA这个术语源于军事用语并在20世纪90年代开始被普遍使用。随后它被用于从营利性公司到教育事业的各种组织的新兴思想中。

但这个词却早在1987年就诞生，最初沃伦·本尼斯（Warren

Bennis）和伯特·纳努斯（Burt Nanus）在研究领导力理论时第一次引用“VUCA”这个缩写，他们一定没有想到，VUCA这个缩写已经从美国陆军军事学院快速地传播开来，被频繁地用在领导力策略领域，涉及非营利组织、教育领域。最终，被宝洁公司（Procter & Gamble）首席运营官罗伯特·麦克唐纳（Robert McDonald）引入商业领域，用来描述新常态、混乱和快速变化的商业环境——“这是一个VUCA的世界”。

关于VUCA的不确定性，还有一个大家都知道的代名词：蝴蝶效应。早在1961年，麻省理工学院（Massachusetts Institute of Technology）的数学家气象学家爱德华·洛伦茨（Edward N.Lorenz）用当时最顶尖的电脑试图预测大约1年内的气候情况，他希望能看清数据库中的气候趋势，找出某种模式。但气候是一个“VUCA范”十足的问题，一点也不给洛伦茨面子。

有一次，洛伦茨在重新检测一个特定模式时偷了个小小的懒，他在输入数据的时候只保留了3位小数，而不是之前的6位小数，这个非常细微的差别，导致的结果似乎就是“变出来的两个随机的天气”。在一个可以如机器般精准地预测的世界中，如此微小的差异是不会造成结果上的不同的。我们已经可以精确地预测日食、潮汐和行星运行轨道，数据输入的微小差距，也只会导致这些现象的发生早几分钟或晚几分钟而已，貌似一切都是在可控的范畴中。

但天气显然不是这样，它为各因素彼此纠缠所干预，极其不稳定。对空气施以轻微干扰，这种最初的扰动就有可能以几何级数放大，从而完全改变现状。几年后，洛伦茨发表了论文《巴西一只蝴蝶翅膀的扇动，能否在得克萨斯掀起一场龙卷风？》，这就是有名的“蝴蝶效应”，也算是VUCA的“图腾”了。

托马斯·弗里德曼在《世界是平的》一书中指出：世界在按不同于以往的速度改变着，每当一个颠覆性的技术革命作用在一个文明上时，都会给这个时代带来深刻的影响。在诸多遭受失败的高科技公司的经历中，它们的领导者面对着未知、不可预测、更不可回避的挑战，却又缺乏适应这些挑战所需的灵活、想象力和领导力。不是他们没有意识到这些问题，而是略显笨拙，没有赶上变化的速度。

在互联网新技术的加持下，某个“独立的”“个体”的事件或要素往往能带来颠覆性的影响。世界已经从复杂变成了错综复杂，事物已经不完全按照线性规律运行了，其复杂程度远远超过了“我看到它了，我就能知道”的程度。

举一个例子。2008年3月，加拿大乡村歌手戴夫·卡罗夫乘坐美国联合航空公司（以下简称美联航）飞机的过程中，他名贵的演出吉他被美联航的行李员弄坏了，他花了整整9个月来联系美联航的客服，最终无功而返，迷失在其迷宫般的客服体系中。卡罗夫于是创作了《美联航弄坏吉他》（*United Breaks Guitars*），并且拍成了MV（Music Video，音乐短片）放在了YouTube视频网站上，短短10天，点击率接近了400万。而美联航股票暴跌10%，相当于蒸发了1.8亿美元，卡罗夫的吉他价值大概为3000美元，美联航因为这3000美元，损失了吉他价值的60万倍的钱，还被数以百万的人在网络上指责，背负骂名。

这一“小”对应的一“大”，“孤立的事件”对应着“大规模的反馈”，充满讽刺又让人感到无奈，更令人畏惧。

克莱·舍基在《未来是湿的》一书中也帮我们展示了几个类似场景：一位妇女丢掉了手机，但征召了一群志愿者将其从盗窃者手中夺回；一个旅客在乘坐飞机时受到恶劣服务，她通过自己的博客发动了一场全民运动。在伦敦地铁爆炸案和印度洋海啸中，公民们用可拍照手机提供了比摄影记者更完备的记录。世界上最大的百科全书是由管理甚少的参与者们共同撰写的。

VUCA时代就像一面放大镜，任何瑕疵都被毫无保留地展现出来；万事万物将在非线性的框架里运作，事态的进展往往也不是我们所能理解或预测的。

狄更斯在《双城记》开篇中有这样一句话："这是一个最好的时代，也是一个最坏的时代。"用这句话来形容VUCA时代再合适不过了。

说是好时代，是因为新技术的运用可以让个人的影响呈几何级数放大，你可以更大程度地被别人熟悉或接受。但这也是一个最坏的时代，因为有这个"放大"效应，如果你没有好的思维，做出来的错误行动也会被快速地放大，快到让你无法去修复和弥补，错误的放大意味着大量的纠错成本，这个成本也不仅仅局限在财务层面，还在社会责任方面。

在这个新世界中，"快速行动"就成了双刃剑，VUCA时代拉平了赛道的差异性，不再是过去传统环境下自行车、蒸汽火车和飞机的本质差异了，谋定而动自然就成了先手优势。

还记得之前的那段话吗？环境变化了，10公里速度的自行车未必追不上1000公里速度的飞机，当每个参与者和玩家都在努力确定要往哪去的时候，速度这个单一维度的权重就会降低。

行动靠谋定，谋定靠思维，一个极简的思维一定会成为"你心中的所爱"。

VUCA新世界要求我们学会选择，做减法。世界越来越复杂，我们却越来越需要简单。日本家庭生活类作者山下英子提出过"断舍离”的概念，本意只是教大家如何在家进行杂物管理，但其核心思想“断舍离”目前却已经成了一种更高境界的生活方法认知——追求简单。简单是一个结果，而不是原因，追求简单的本质是筛选、是做减法，因此如何保留精华，去除糟粕就成了这个世界对我们的高要求了。那在提升我们的思考方法方面有没有简单的精华可以学习，可以了解，可以使用呢？答案就在这本书中，我会给大家介绍这个简单、好用的思维模式，让我们来帮助你应对这个“更苛刻”的要求。

第三节 | POA极简思考法：统一方向，形成合力

人总是有各自不同的想法，如果每个人都各行其是，这群人在一起将会怎样？每个人的力量不能凝聚到同一个方向，力量势必分散，如果是公司，就无法形成公司的合力。

观看篮球或者足球之类的团体性比赛就会发现，全体队员齐心协力向着获胜的目标的团队，同那些各自为战、只追求个人目标的团队相比，实力差距一目了然。

当全体员工的力量向着同一方向凝聚在一起的时候，就会产生成倍的力量，创造出惊人的成果。

如何实现“统一方向，形成合力”呢？

每个人都有自己的特点，无论是外表还是想法、个性，都各不相同。所谓企业，是一个商业团体，形形色色的人聚在一起。企业需要运转，并且不断地发展。

在POA极简思考法中，首要原则就是“凡事先问目标O”，O是Objective的首字母，这个“O”（目标）不但解决了方向问题，还澄清了“Why”，即为什么要这么做，这是作决策和选择的依据。让全体员工的思维方法保持一致的同时也统一了方向和目标。

一直以来，我们一直被灌输解决问题的能力很重要，碰到事情或问题首先要想解决方案，这在POA体系里属于“A”层面，即

“如何做”。可是，员工们如果都不知道目标以及为什么要做，那他们只能按照自己的想法各行其是。

这种思维方法最妙的是，理解和认识企业目标的员工，就会自然成为企业的伙伴——P。只有重视伙伴关系，才能真正形成合力，员工自发地参与到经营中来，贡献让目标加速的A（方法，Acceleration的首字母）。

此时这个循环就运转起来了（如图1–1所示）：一群伙伴（P），被目标（O）吸引，产生了共鸣，再一起共创出很多的方法（A），这些方法（A）再服务和赋能目标（O）。

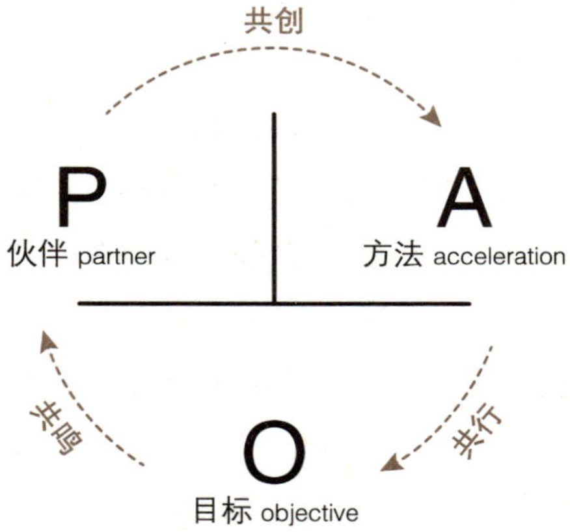

图1–1　POA小循环

所以，我认为思维方法是经营中最为关键的因素。企业家的首要任务是，让全体员工的思维方法保持一致。此外，还要确定一致的前进方向和目标。为了让全体员工团结一心，经营者也要不断地磨炼自己的思维方法。

正如华为技术有限公司主要创始人、总裁任正非在2019年4月13日接受CNBC（美国消费者新闻与商业频道）专访时说的：“我既不懂技术，也不懂管理，也不懂财务。我就提了一桶‘糨糊’，把18万员工黏合在一起，让他们努力冲锋。”

IT'S TRULY POA

第二章　POA的前世今生

不是所有的英文缩写都有价值，P、O、A三个字母你都熟知，但它们分别是什么的缩写？它们组合在一起又想告诉我们什么呢？这个缩写组合是否有价值呢？它们如何帮助我们呢？

第一节 | 从公益事业走向公众视野

我们曾经引用过张爱玲的一句话："缘分天注定，很多事情强求不得，你越强求，只会离你的缘分越远，终其一生也难找到心中所爱。"

我和POA的缘分正如张爱玲所阐述的那样。这个缘分中有一段经历必须提及，有一个人也必须致谢。

这段经历要追溯到2018年5月19日。在结束了一周高强度的工作后，周末我从杭州来到上海参加一个小型的沙龙分享会。这次沙龙分享会的主题：POA的"工具"，分享人是这个"工具"的提出者张宁先生。张宁先生也是我要致谢的人。张宁先生在公益领域有所建树，这个小"工具"是他自己在公益事业的经历中总结出来的。

公益事业是崇高的，但本质又是极具实操性的；公益事业要求高度协作，但背后的一群志愿者又是没有同事关系的，甚至彼此都不认识；公益事业要求高效，背后的这群志愿者虽然没有上下级管理关系，但依然可以高效合作；公益事业是需要奉献的，这一群志愿者不仅没有收入，反而还需要支出自己的时间、精力，甚至是金钱。这一切仿佛都和我们熟知的商业环境完全不一样，甚至是相反的。

做公益的志愿者，没有所谓统一的领导，往往一个号召就能在短时间内聚集大量的公益志愿者，而在商业公司中，为了让一个项目实施起来，光是事前动员突破部门樊篱就大费周章了。想达到公益志愿者的这个效率，开玩笑地说，恐怕只有地震或火灾了。公益志愿者没有明确的职位描述，他们却能把该做的事情都完成得很好，不会讨价还价，这要是在商业环境中，公司生怕职位描述不详细；公益志愿者没有人设定KPI，没有人刻意去监督、评估，但往往他们能以高标准完成任务。你可能会有困惑，什么算是高标准呢？一是结果达到预期，二是需要牺牲自己的资源（人脉、资金、时间、精力）。

在商业组织中付钱都未必能达成目标的事情，公益组织是如何搞定的呢？这个问题也是那次小型沙龙分享会的重点。

坦率地说，拥有多年企业工作经验的我对企业经营战术、方法模式、技术技巧都有接触，但发现基本都是"术"层面上的东西，把企业的经营管理同"科学"两个字挂钩。虽是理科生出身，但我内心对哲学思想还是颇为认可的，所以我认为这些西方的科学管理方法太注重流程，缺乏人性；而且太过复杂，缺乏"大道至简"的哲学思想。

参加这次公益分享会之前，没有抱太大期望的我，却被POA深深地折服了。POA来自公益事业的实践，是如此直率不做作，又是如此不虚伪，因为面对一群彼此不熟悉的人，树立共同的目标是唯一把力量凝聚起来的路径了。

分享会没有术语，没有厚重的理论学派，没有晦涩难懂的语言表述，只有分享人平实的表述和使用这个"工具"的一些实例和思考。你可能注意到了，我一直在用双引号来表达"工具"，坦率地说，那时候POA仅仅是一个公式，或是一个概念，并不像现在已经有了完整的理论体系和实践方法，即便如此，当时我还是被打动了。

分享会从公益事业的特点入手。每个公益事业都有一个共性，是聚合志愿者们的动力。这个共性也是公益的本质，即每个公益事业都有一个能产生共情的目标。一定要注意，是能产生“共情”的目标，而不是崇高的目标，也不是宏大遥远的目标。这个目标像海上的灯塔，不管狂风暴雨，都能通过重重迷雾指引远方的船只。正是这个“共情”目标让志愿者能克服各类困难，逐步推进达成最终的效果。

公益事业的共情目标总能激发每个个体的感知，让人感觉它就发生在自己身上，没有距离感。壹基金发起的公益项目为贫困地区的困难儿童送去冬日温暖，抵御严寒，它发起的主题就是“壹基金温暖包，冬天不冷了”，非常朴实，“冬天不冷了”是每个人都能感知到的，冷是什么滋味，每个人都知道，这个共情效果就非常好。

共情的目标能极大地聚合伙伴，但同样要控制这个目标的大小。“让世界和平”也可以算一个共情的目标，因为每个人都知道和平很重要，也都认为它是对的，没有人会觉得应该有战争。但这个目标太大了，大到让每个人都和它产生了距离，个人无法很直接地去支撑它，因此，虽然这是个共情目标，但过于宏大，让人们感到就算自己和团队一起努力也未必能实现它。

如果这个目标没有共情，没有合适的距离感，大家心里会很自然地想道：这和我有什么关系呢？一旦这个念头出现，后续自然不会有任何行动，更谈不上聚在一起了。

在商业机构或组织中，太多的类似情况是因为“这和我有什么关系”造成的，在这个基调上，双方当然要靠大量的书面约定、监督、考核等来明确了，所谓“道不同，不相为谋”。

公益事业一般都是处理关乎老百姓生活的事情，可能是教育问题，也可能是生活问题，都是些和你我相关的事情，也是每个人都可能经历或遭遇到的事情。因此，公益事业的目标天然地具备共情的属性。当把这个核心关键的第一步总结出来——寻找或设立一个大小合适的能产生共情的目标，再用到更广泛的领域和场景中时，POA就从公益事业开始逐渐被更多的人所了解，就像我这个无意中闯入这个新天地的陌生人一样。

这次分享会的主题让POA的种子在我心里种下，并让我开始学会用POA思维去思考生活和工作中遇到的问题，越深入挖掘和亲身体验，越发现它的博大精深。如今，它已经从当初一个粗糙的概念，发展成为一套相对完善的体系——组织促动飞轮模型，它已被运用于企业诊断中，成为在经营中面临各种问题时，帮助人们很快作出判断的基准思维。

我和我的伙伴们一起心怀感慨地见证了POA思维的生命力。相对于传统的科学管理，它更多的是一种人生哲学和经营哲学，从利己到利他。原本只在公益领域流传的POA，而后也一直只在部分企业内部学习和传播，现在公之于众，这本身也是一种很大的利他行为。

第二节 | POA思维的“两大特性”

记得当时参加POA分享会的地点是上海闹市街角的一个咖啡馆。小馆子质朴无华，空气中弥漫着令人回味的咖啡香，咖啡馆人不多，只有参加分享会的伙伴们。外面下着小雨，打在玻璃上的雨点让窗外的街景更加迷离。

这一段经历让我接触到了POA，但真正令我被POA所折服的原因，总觉得还是要重点说明下，因为这也是促成我写本书的动力源泉。POA有自己独特的气质，和那天分享会的咖啡馆格调很像，身上有2个无与伦比的特质和标签。

第一个标签是“极简之美”。“简”字本来就有简单的含义在，但我还是要再加一个程度词“极”，短短几分钟就能让你明白POA它是什么，由什么构成，可以帮助你解决什么，以及怎么帮助你。

因为它简单，所以“轻便”，随时随地都可以拿来使用；因为它简单，所以很容易说明白，和朋友、同事、伙伴一起讨论起来，大家都能无障碍地听懂。一旦容易被理解和听懂，它就变得非常利于被传播。

我认为简单才是不可动摇的基本原则。就像我们从小听父母讲的为人处世的重要原则，如不说谎、不贪心、不自利等，以及前辈从生活中总结出来的智慧，这些都是再简单不过的标准。可惜现代人往往容易把事情想得太复杂，接收到的信息越多，越看不清其本质。

第二个标签是“回归问题的本质”。越是纠缠不清，看似复杂的问题，越应该回归原点，根据最简单的原则来判断。

思维方法是你思考和作出判断的依据，它包括2个很关键的层面，一个是信息收集，另一个就是处理这些信息。

好的思维方法能在“信息”和“处理”2个层面提供简单却强有力的判断能力，让人们选择正确的事去做，并且贯彻到底。

在信息收集上，一个是信息本身，另一个是你获知到的信息，而一般我们处理的都是获知到的信息，因此如何确保你在获知信息的过程中不要丢失关键信息就成了至关重要的一步。等到信息获知完毕了，才进入“处理”环节。“处理”环节和烹饪一样，哪怕相同的食材，不同的烹饪手段烧出来的味道也是不一样的。

还记得我在前文提到的“曹冲称象”这个故事吗？百官和曹冲的思维就完全不一样，百官之间彼此的思维差异也巨大。那个计划造秤的官员，他在“获取信息”这个层面，起码保持了信息本身的准确性：大象应该是要活的，并且需要得知大象的重量。这是最关键的一步。在“处理”这个层面，他想到的方法是非常直接的。

再看看那个要把大象切成一块块的官员。他在“获取信息”的层面就有重大关键信息的遗漏，即遗漏了“大象是要活的”，他只获取了“要得知大象重量”这个信息，第一步“获取信息”就没有完全忠实于信息本身，那后续的“处理信息”一定就是血淋淋的，更何况这样称出来的大象重量误差也非常大。如果按这个官员的办法称象，结果就会让人崩溃，你说没有达到目标吧，他貌似也称出了重量，但却改变了最基本的前提——大象要活着。这个官员估计还很委屈，你又没说大象是要活着的。这多像现在社会中一些人的可怕思维，没有公序良俗、仁义道德，你要什么结果我给什么结果，至于是否达到了最终目标，他并不关心。

曹冲呢，他和那个要造秤的官员在“获取信息”的层面是一致的，没有任何遗漏，大象是要活的，要得知大象的重量。在“处理信息”这个层面，他就明显略高一筹了，用石头作为中介物来替代大象，间接地得到大象的重量。这就是思维的差异。

POA极简思考法用简单的三个元素P、O、A帮助你收集信息，不管是大事还是小事都可以用这个框架进行信息下载，就像剥洋葱把信息归结到不同的象限中，很多时候，归类正确了，你就已经接近问题的本质了。

就像马斯克把第一性原理（first principles reasoning）作为他的思维方法，无论是造车还是造火箭，处理任何事情，他都去追求事物的本质。马斯克在接受TED记者采访时说：“我觉得物理学中有一种好的思维框架，就像第一性原理。我觉得这个方法可以让事情尽可能简化，最终寻求根本实质。”你必须反复提炼最基础和根本的东西，在这个基本原则引导下从事经营，一路坚定地走在正确的方向上，并把公司带向成功之路。

第三节 | POA的“三支柱”：P、O、A

一、O：目标Objective

今天我们所讲的POA是从商业的起点追根溯源，围绕着P、O、A 3个要素形成商业循环，重新定义组织，在组织进化这个维度，构建企业的竞争力。作为“组织促动飞轮”这个体系的内核，POA小循环是由P、O、A这3个核心要素构成，我们称之为POA的“三支柱”。第一个要讲的就是目标O，因为“凡事先问O”嘛！

在POA中，字母O是英文Objective的第一个字母。 Objective的中文意思是“目标”。目标是个百搭词汇，如生活目标、学习目标、商业目标等，那目标应该如何理解会比较好呢？谁说的目标是对的呢？ 1万个人心中有1万个哈姆雷特，肯定不会有统一的答案，但我想到一个人——管理学泰斗彼得·德鲁克，那就从他1954年的经典著作《管理实践》说起吧。

在这本书里，德鲁克第一次提出了“目标管理”这个概念，并且同步提供了匹配的管理工具。这个管理工具在现代社会大家一定都听说过，也一定都感受过，甚至还曾痛恨过，它叫KPI（Key Performance Indication，关键业绩指标），目标管理基本已经成为KPI的同义词。KPI也俨然成为“现代枷锁”的代名词。

在书中，德鲁克详细地说明了工作和目标的关系：并不是有了工作才有目标，而是有了目标才有工作，如果一个领域没有目标，这个领域的工作必然被忽视。管理者应该通过目标对下级进行管理，确定了组织目标后，必须对其进行有效分解，转化为部门及个人的目标。

某种程度上，指标就是一堆数据，达到就奖励，达不到就惩罚，这是典型的泰勒传统管理方法。泰勒的著作《科学管理》是人类第一条流水线的理论基础，即把工人工作节拍标准化，工人像机器人一样重复做某个动作，而不需要思考和决策。

道斯·麦格里格（Douglas McGregor）是X–Y理论的提出者。X–Y理论是对于人性理解的两种截然不同的假设。一个是假设人性本恶——X理论，X理论认为人是天生消极没有工作动力的。人的本性是爱偷懒不可靠的，只要有机会，就会逃避工作。因此，大部分人对于集体目标不关心，需要管理者采取强迫、威胁、规章制度等方法去激发他们。人们只有被施加压力时，才愿意接受工作。

另一个假设是人性本善——Y理论，人并不抗拒工作，自身具有自我调节和自我监督的能力，人们愿意为了集体目标而努力，在工作上会尽最大的努力，发挥自己的才智和创造力。同时，人们希望得到认同和赞扬。

德鲁克是Y理论的支持者，他认为，要注重人的创造力和主动性。相对于泰勒的传统管理方法，目标管理的本质是重视人的主观能动性。

但我们这些晚辈都弄错了，我们把“指标”当作了“目标”，把完成工作当成了完成“指标”。

回想一下你在工作中是如何和自己的下属、上级沟通的。大家对“指标”的多少进行讨价还价，却没有思考过“目标”到底是什么。

我们通过图2-1来进一步说明什么是目标O，它来自哪里。O是Why，即为什么要做，O来自差距和不满，现实与期望之间的距离就是你努力的方向，也是你动力的来源，在POA中我们称为“痛点”。

图2-1 O（目标）来自哪里

当你聚焦O的时候，应该有2张画面，一张是“之前（Before）”的画面，这是一张充满消极信息的现状，里面是不足、不满、缺陷、痛苦、不便等，另一张是“之后（After）”的画面，是之前那些“痛点”被消除后的样子，这一前一后的对比就是目标，它包含“强烈改变的愿望”和“为什么要改变的原因”。

在POA体系里，“凡事要先问O”。这很容易理解，但很多人觉得很难。其实这是思维定式导致的。下面我们举个例子来详细阐述。

有一天，你回到家，你的太太（或先生）对你说：“今年年假我们去海南吧？”你的第一反应会是什么？请诚实回答这个问题。

海南确实很漂亮，但凡事就怕物极必反、过犹不及，你已经去过海南5次了，想着那个没有任何新意的地方，你着实郁闷，下意识地回答道：“还是去西安吧，那里没去过。”起个头，你估计应该能想到后面的情况，关于是去海南还是西安，甚至还会有其他备选的地方，估计会是一场“恶战”。

按照“凡事先问O”的原则，你应该会这么对你太太（或先生）说：“能说下要去海南的考虑吗？”这是关闭简单二分法的开关。通过深入沟通，你们会逐步明确去海南背后的O只是需要一场亲子旅行。这样，“去海南”本身就不再是目标了，而是达成“亲子旅行”这个目标的方法了。

POA底层思维一用上，话题马上就聚焦O了，问题就转化为：如何安排一场亲子旅行？

如果脑海里没有POA底层思维，“去海南”还是“去西安”都只是孤立的方法，本身是无所谓对错的。在一个不分对错的“假问题”上进行讨论或者争论，会出现什么结果可想而知。

是不是和你下意识的思考不太一样？这之间的差距在哪呢？就在思维框架的盲区上，“去海南”还是“去西安”是指标层面的问题，讨论的是解决What的问题，即怎么做。而目标O是解决Why的问题，即做还是不做，所以请记住POA给你的建议：凡事先问O。

二、A：加速方法Acceleration

战国时期吕不韦的《吕氏春秋·察今》中，有这么一则小故事，说在战国的时候，有个楚国人坐船过江。船行驶到江中心的时候，这个楚国人一不小心，把随身携带的一把宝剑滑落至江中，他赶紧伸手去抓，可惜没来得及，宝剑已经掉入江中。同船的人都觉得非常可惜。

但这个楚国人好像具有大智慧一样，他胸有成竹地拿出一把小刀，在船舷上刻了一个记号，然后对大家说：“这就是宝剑落水的地方，我已经做了记号了。”大家不明白他为什么要这么做，也就随他去了，没有多问。

等船靠岸后，楚国人立即从刻有记号的地方跳下水，打捞落水的宝剑。捞了半天一无所获，他自言自语：就是从这里掉下去的，怎么没有了呢？旁边的人一听他这么说，哈哈大笑起来，觉得这楚人确实是一个“人才”啊，说道：“船是一直在运动的，你的宝剑掉入江中沉入水底，不会随着船一起移动，你又怎么能找到宝剑呢？”

这就是著名的寓言故事“刻舟求剑”，后来演化为成语，一般比喻死守教条，拘泥成法，固执不变通的人或者做法。

这个楚国人是可笑的，他用在运动的船上刻记号的方法试图去找到沉入水底不动的宝剑，他错在哪里呢？错在方法上，错在他的方法和目标不匹配。

这个方法，在POA体系中我们称为“A”，字母“A”是英文Acceleration的缩写，即加速度的意思。你可能会有疑问，A是加速度的意思，和方法字面意思并不一样，为什么要翻译成方法呢？这个翻译，本身也是具有POA思维的。

方法这个词如果孤立来看，其实没有太大的含义，我们无法判断什么是方法，或者说什么可以成为方法。在实际使用的语境中，一个事物或者一个路径可能被称为方法，很大程度上是因为它和一个问题是对应的。

我们的老祖宗在2400多年前，已经开始使用“方法”这个概念了。最早墨子在《天志》中曾说：“今夫轮人操其规，将以量度天下之圆与不圆也，曰：中吾规者谓之圆，不中吾规者谓之不圆，是以圆与不圆皆可得而知也。此其故何？则圆法明也。匠人亦操其矩，将以量度天下之方与不方也。曰：中吾矩者谓之方，不中吾矩者谓之不方，是以方与不方皆可得而知也。此其故何？则方法明也”。

这段话是描述做车轮的工匠，匠人拿着工具，准备测量天下的东西到底圆不圆，他说：“符合我工具的就是圆的，不符合我工具的，就是不圆的。”圆或者不圆，都非常明确，为什么呢？因为圆的定义就是这样说的。做木工的匠人也拿起自己的工具，准备也量量天下的东西是方还是不方，他说：“符合我工具的就是方的，不符合我工具的，就是不方的。”方或不方，也都非常明确，因为方的定义就是这么说的。

这就是最早的方法一词的来源，可能当时称解决问题的门路、程序为方法或者圆法并没有严格的规矩，语言都是从日常的劳动中产生的，按照“圆”（规）或“方”（矩）的量具去操作，就能达到办事的效果，大家做的事情都能得到简化。

那“方法”和“手段”有什么区别呢？为什么不叫“手段”呢？方法和手段本质上都是人们办事或者管理者达到管理目的不可缺少的中间要素，两者在过程中起到的作用也基本一致，但我们常常将二者混淆，大家能感受到的唯一明显区别，就是“手段”这个词略含贬义，往往都不是好事，例如，大家会说不择手段，形容为达目标，什么乱七八糟的方法都能用上，没有底线等。在某种程度上，“手段”就是不好的方法。

在生活中这么理解是没有问题的，但我们在学习POA时，可能就要再继续深入探究一点。就像“正当防卫”这个概念，我们普通人也有自己的理解和解读，但一定和专业律师的理解是完全不同的，专业律师理解这个概念和法条的严格的司法解释，我们普通人可能更多是从日常感知层面来看的。

对于“方法”和“手段”，可能和律师对于“正当防卫”的理解类似，我们也希望从更深入的一些层面和大家一起进行探究，使大家在POA思维的认知上更加深刻。

马克思在《资本论》第一卷中提到了“劳动手段”，认为手段最大的特征是以实物形式存在的，是“一个物体或很多物体的结合体”，人类最早把加工后的石头作为自己活动的实物手段，因此手段也成为工具，是人类为了弥补自身器官不足而采用的工具，作为自己能力的衍生。按照这个思路，我们今天的硬件、设备等都可以称为手段。

“方法”呢？我们也常说是活动的手段，但它不是物化的形式，不是以具体某个实物的形态展示出来的，是人类认识和改造客观世界遵循的某种规律、某条路径或规则的集合。德国哲学家黑格尔说：“方法也是工具，是主观方面的某个手段。”黑格尔把方法称为主观方面的手段。英国哲学家培根则把方法称为“心的工具”，在他的著作《新工具》中，认为方法就如黑暗中照亮道路的明灯，是条条蹊径中的路标。

因此，如果把方法也视为一种工具或手段的话，那么它只能被理解为人的认知和思想向外延展的一种工具或手段，很像今天我们说的软件，可以控制和指挥硬件工作，从而进行计算、判断、信息处理。

我们通过几个例子来阐述“手段”和“方法”。先从“庖丁解牛”这个故事说起，庖丁解牛的时候，他所用的锋利的刀就是有效解牛的手段和工具，也就是我们常说的“工欲善其事，必先利其器”中的“器”。没有好的工具，手再巧也不如工具妙。庖丁对于牛的结构非常熟悉，能“顺其理”，按照牛的骨骼和肌肉结构的空隙用刀，可以做到近20年不用磨刀，解牛的效率也非常高，这无疑靠的是解牛的方法，也是常说的“事必有法，然后可成”中的“法”。庖丁只有有了好的“手段”和“方法”，才能成功。

高明的医生往往都能对症下药，药到病除。到医院看医生的时候，为弄清楚病因，医生往往会建议病人先进行化验、拍片等，在后面治疗的时候还会用药、打针、理疗、手术等，这些都属于治病的手段。对于一名老中医而言，针对号脉的情况，是采取正治还是以毒攻毒的反治，是先治标还是先治本，用汗、吐、下、和、清、温、消、补哪种疗法，对于所选择的药，如何按君（主药）、臣（协助和加强主药效能的药物）、佐（协助主药使其药性或毒性不要太偏的药物）、使（引药，把药力引到发病部位的药物）进行最优的组合，这些都是属于治病的“方法”。大夫要获取治病的疗效，仅仅有药这个手段是不行的，有药无方就如无源之水。

通过对“方法”和“手段”进行对比，我们对这二者之间的差异应该也有了一定的了解，不会再出现分不清的情况了。在POA体系中，A代表方法，也是体现着这个含义，是主观构建的做事规则，它需要若干“手段”的支撑。我们会很多“手段”，但组合的思路和策略是由“方法”来解决的。

三、P：伙伴Partner

POA三支柱最后一个是P，P是Partner（伙伴）的第一个字母。P是伙伴，当然是越多越好，P越多就意味着“得道多助”。P多，即伙伴多，而不是简单的所谓人多，人多更可能是“乌合之众”。

在进一步讨论之前，我们要先把标签准备好，以便后期在区别出P后，可以贴上标签进行分类，知道哪些是革命同志，哪些是打入我方阵线的“干扰分子”。P这个字母有2个发音，可以发第一声，音同“批”，也可以发第四声，音同“屁”。我们把真正的伙伴发音第一声——“批”，把假的伙伴发音第四声——“屁”。把标签准备好，我们通过例子来看看如何辨别真P和假P。

你和你的朋友决定一起去意大利，你们两个算是真P，还是假P？我再补充些信息：你们是坐同一个航班过去，你和你的朋友从小一起长大，彼此熟悉和了解。

你肯定说，这一定是真伙伴了。先别急，在POA的体系中，判断是真P（伙伴）还是假P（伙伴）有且只有一个标准：是否有共同的O（目标），或者说是否被相同的O凝聚在一起。这个和是否从小一起长大，是否有亲戚血缘关系，是否在一起工作或生活没有任何关系。因为价值观、目标不同搞得兄弟姐妹之间反目成仇的例子屡见不鲜。而素昧平生的人因为一个共同的目标奋斗在一起的也屡屡发生，就如之前我们提到的公益事业的志愿者。

可爱的公益志愿者们彼此并不熟悉、彼此也没有领导隶属关系，更没有彼此支付薪水的利益关系，但却能统一协同，步调一致，互相支持，他们就是真伙伴。

再回到飞往意大利的航班上，按照我们判断P的标准，你和你的朋友是否为真P（伙伴），完全取决于你们的O（目标）是否一致。如果你们都是去意大利疯狂购物，那么你们的O（目标）一致，你们是真P（伙伴），贴个第一声“批”的标签；如果你是去购物，但你的朋友是去欣赏文化古迹，你们的O（目标）不同，那么你们暂时就只能贴上第四声“屁”的标签了——假伙伴。

P一定要是第一声“批”——真伙伴，只有真伙伴多起来，才能真正做到“得道多助”。真P（伙伴）是彼此赋能的，在后面我们会进一步讲解，真P（伙伴）是可以共创的；假P（伙伴）是互相耗损的，无法聚力反而会减损团队的锐气。想想你的工作环境，思考下你周围的同事是真P（伙伴），还是假P（伙伴）？

聚焦更多的伙伴，POA的“黑话”称之为“拉P（伙伴）”，这个拉P（伙伴）多多少少还有一些东方文化的烙印。这和西方文化不太一样，目前使用的很多思维和管理工具都是来自西方，西方的文化体系具有思辨性，讲究逻辑性和推理性。如果你问一个老外，怎么把大象放进冰箱里，他会很认真地告诉你，一共有3个步骤：1.打开冰箱；2.放入大象；3.关上冰箱门。简单明了的3步逻辑，至于第2步如何实现——大象如何被放入冰箱里，那是下一个环节要思考解决的问题。但如果我们被问到这个问题，估计会认真地问对方：“你没病吧？”

在西方这个思维体系下，人们讲究标准化，进而出现很多工具、流程和表单，以后再遇到类似的问题，马上找出对应流程。这可以让一个菜鸟快速上手，最起码可按照流程一步一步操作。

在我们的文化属性中，如果遇到一些问题，下意识的第一反应是什么呢？去找流程、管理工具或者表单？不是，我们的第一反应是——找人，找关系。这个就是拉P（伙伴）的过程，然后再和P（伙伴）一同讨论出对应的解决方案。

第四节 | 案例：我减肥为什么总失败？背后的POA思维

关于POA的三大支柱P（伙伴）、O（目标）、A（方法）的具体含义，我们都有所了解了，接下来我们梳理这三者之间的关系。只有了解它们之间的关系，POA极简思考法才能运转起来。这种感觉就像学习英语，每个单词都认识，但让你说出一个句子时，你就变成哑巴了。

那么，我们用一个大家特别有共鸣的话题——我减肥为什么总失败，来了解POA三支柱之间的关系。

现在是个以瘦为美的时代，不管是男人还是女人都喊着要减肥。我虽说已到中年，但也在努力争取做到不油腻。减肥是一件开始很容易，放弃也很容易的事，这是为什么呢？很多人说是没毅力、没动力。

其实不然，用POA极简思考法来看，人们是错把A（方法）当作O（目标）了，把减肥这个手段当作目标，为减肥而减肥。过不了多久，人就会很快妥协，承受不了过程的痛苦和高度的自律。

因为，我们说POA三支柱中的O——这个目标必须来自“强烈改变的愿望”和背后的“Why”，缺一不可。用心渴望的目标就一定能实现！

我有位超级热爱美食的伙伴，她减肥总是失败，用她的话说“今天的吃是为了明天更好地减肥”，因此她不但没有减肥成功，体重还一路飙升到120斤。可是几个月不见，她突然瘦到了100斤，整个人精神不少。

我很好奇她是怎么做到的，她说其实很简单，因为她找到了减肥的目标O，她一直想成为一名培训师，为了这个目标她准备了很多年，甚至从企业辞职出来一心追求这个目标。可是，事情并没有像她预期的那样发展，因为她太胖了，形象不好。没有人愿意推荐她，企业都不愿意给她试讲的机会。

那个时候她萌生了改变的需求，为了实现讲师这个目标，“绝不能让肥胖阻碍目标”这个强烈的念头和几近疯狂的渴望，让她在减肥之路上收获了真P（伙伴）——她的家人和减肥打卡社群的伙伴们，她们除了陪伴和鼓励，还主动提供有效的减肥方法。每当快要坚持不下去时，那个深入潜意识的目标就会跳出来。于是，2个月之后，她实现了自己定的减肥目标，如今的她已经是一名被很多人认可的培训师了。

敲黑板，画重点

用心渴望的目标一定能实现：目标必须来自“强烈改变的愿望”和背后的“Why”，缺一不可。

目标凝聚伙伴，伙伴共创方法，方法服务目标。

IT'S TRULY POA

第三章　POA三支柱之重新认识目标O

什么是目标，它来自哪里？以及为何要费心于目标？目标就像你的指南针，告诉你方向，帮你弄清楚需求的决策动机。但现实是，很多人目标不清或者自动忽略目标，那就等于丢掉指南针跑进原始森林。

第一节 | 目标不清，越做越离谱

目标是用来确定方向的，帮你想清楚正确的路径。千万不要用战术上的勤奋来弥补战略上的懒惰，不然干得越多，可能错得越多；想得越多，可能离你要去的目的地越远。再加上目前主旋律强调执行力、高效等，往往让你在错的道路上越走越远。

公司A是一家经营手工蛋糕的企业，顺应着互联网风口的大趋势，他们开始进行了线上和线下的融合，并且准备大力发展线上业务。用户可以用微信或独立APP在线下单，他们就会在规定的区域内按约定的时间送达。高端新鲜的原料，精美的蛋糕造型，快捷的配送，让公司A在风口上高速发展。

如果事情永远是按照线性发展的规律进行的话，这个案例中的主角公司A将会有一个大家都能预期到的结局，可能成功上市，可能成为巨无霸的集团公司……但是公司A在快速发展的过程中，遇到了难以逾越的困难。

先从配送环节来看。由于订单的快速增长，要求配送人员以更快的速度送达，于是就出现了大量客户投诉的情况。有些蛋糕在发货时没有被放置好，在配送的过程中东倒西歪，蛋糕不是被撞变形，就是奶油被压塌。在一个个开心的时刻拿出这样“被虐待过”的蛋糕，喜悦的场合和蛋糕奇丑无比的体验带来巨大的反差。这造成客户的不满而且这种不满被最大限度地放大，甚至到了愤怒的地步。客户花了高于竞品价格的代价，却没有感受到来自商家的基本尊敬，口碑的崩塌可想而知。

看看客户留言区的投诉，如果不告诉你产品只是一个蛋糕，你一定以为是误入了某金融理财产品爆雷的群，唇枪舌剑，此起彼伏。

蛋糕还只是一方面，配送人员的态度和服务更是火上浇油，在把公司A推向客户对立面的道路上又做了一把努力。配送订单的增加，让配送人员疲于奔命，配送工具的缺失，蛋糕包装的脆弱都让配送人员的心理压力陡增，本来在城市里做配送体力消耗就大，再加上客户的抱怨和投诉，配送人员的态度可想而知。

公司A马上就从客户那感知到了问题，经过管理团队的讨论，他们马上制定了一个多达近百页的标准操作手册，以及配套的针对配送人员的KPI考核，手册详细说明了下雨天要如何覆盖蛋糕，配送过程中要如何用礼貌用语等。当这一整套经过“深思熟虑”的制度开始下达的时候，一场真正的噩梦才刚刚开始。

配送人员一般是基层人员，本来就不太能感受到来自公司的关心，现在颁布这样一套对他们而言如此复杂的手册，马上就被配送员理解为是克扣他们薪水的借口和手段了，于是，一场猫鼠游戏开始上演。公司管理层因为制定了如此复杂的手册和考核程序，他们就必须花费大量的时间来监控和收集数据，于是这帮人又经过“深思熟虑”制定了一套监控流程，以确保之前确定的操作手册和KPI能落实到位。

于是，公司A陷入了管理的死循环，需要制定更多的流程和制度去确保之前的流程和制度可以落地，而制度管理的对象却对此深深地抵触，不好好地落地和执行，接着，又会有新的制度出来，如此往复，周而复始。

所有的人都很痛苦，花费大量的精力和时间，还有大量的思考，但效果很差，貌似所有人都离目标的实现越来越远了。

悲催的不止配送人员，还有企业的产品研发人员。公司A希望不断地推出新产品，于是又经过“深思熟虑”制定了研发人员的KPI，他们必须每一个季度研发出一个新产品，所以，另一个噩梦也开始了。研发人员疲于奔命，为了研发而研发，把蛋糕主题做得越来越无逻辑，往往越施压效果越差，效果越差，考核KPI变得越严，如此反复。

还好研发人员和配送人员平时见面不多，不在一起办公，不然一定会在一起哭诉。

公司A的负责人想，为什么我们越努力，越思考，效果反而越差，离我们期望的目标越来越远。这可能真是思维模式出现了问题。

公司A的负责人召集公司管理层在内部开了为期几天的会议，这个会议用POA的底层思维重新复盘了现在的问题。首先，就是把问题聚焦在目标O上，企业负责人从公司层面引导发问：“我们公司的目标O是什么呢？”

讨论很激烈。大家发现一个曾经被忽略很久的事实，公司虽然是经营蛋糕生意的，但公司的目标O并不是卖蛋糕，在POA的体系中，公司的产品只是达成公司目标的手段，即卖蛋糕只是手段A，而不是目标O。大家同时发现，买蛋糕的客户也不是仅仅为了吃到美味的蛋糕，而是把蛋糕作为一种陪伴和见证，在每一个关键的时刻，如生日、情人节等，都应该有个蛋糕。一旦这个思维被突破，公司A马上明确了自己公司的目标O：一块蛋糕，见证一个时刻。

企业真正要达成的，就是通过自己的产品蛋糕这个A，陪伴客户度过每一段重要时刻这个O。

统一方向后，正确的路径就出现了。之前对于研发和配送人员制定KPI只是手段，并不是目标O，真正的目标是让大家来传递“一块蛋糕，见证一个时刻”的承诺。于是，所有流程都进行了改变。对于配送人员而言，公司承认配送环节突发事情会很多，不可能事无巨细都交代清楚并且进行考核，于是，他们索性去掉了大量的考核项，而是明确告知配送人员目标O是什么，不再像之前那样只告知方法A了。

在给配送人员派单的时候，过去只告知冷冰冰的客户地址、姓名和电话，现在系统会很详细地告知配送人员他将要送的蛋糕是为了见证一个怎么样的时刻。例如，配送人员看到订单上的文字：“李师傅，今天辛苦您，这一单要配送的蛋糕，是张叔叔去医院看望自己老伴的，他们已经结婚40年了，希望我们的蛋糕能陪伴他们度过这个美好的时刻。”

需要被见证的“时刻”会产生共情的效果，配送人员会很自然地把自己代入进去。谁没有父亲、母亲呢，谁愿意去干扰他们度过这个时刻呢？所以配送人员自己会非常上心，会知道目标O是什么，他不再需要一堆告知应该怎么做的手册A了。配送人员完美地送去了蛋糕，还随手买了一枝花给张叔叔，这枝花是温暖的，是冷冰冰的手册中无法承载的。

研发部门也有突破了，有了主线和逻辑，开始收集和感知“见证的时刻”，不再为研发而研发。在某个中秋节，研发部门第一次把蛋糕做成了月饼的样子，当客户把蛋糕从盒子里拿出来的时候，一颗小灯会自动亮起，配上旁边一行字：照亮你回家的路。这样的产品，让人怎能不为之疯狂呢。

目标O对企业来说就是使命，是存在的真正意义，一个好的使命会让每一名员工知道自己应该做什么，能让所有人为了实现共同的使命而协同奋斗。

第二节 | 可怕的现实：绝大多数人的思考是自动忽略目标的

当你听到这句话："像算盘珠子一样，拨一拨，动一动"，你脑海里会有怎样的画面？这个人很慵懒？没上进心？那再看看这句话"指哪打哪"，你脑海里会有什么画面？执行力很好？很果断？很有冲劲？

不知道你怎么看，我倒觉得这2句话是一个意思。"像算盘珠子，拨一拨，动一动"，言外之意就是，你不拨，它不动。为什么不动呢？他没有动力。"指哪打哪"感觉上好像比算盘珠子的形容更积极，本质上其实一样，因为还有后半句，如果哪都不指呢，那哪儿都不打吧。为什么不打？因为没有目标，唯一的目标就是你指的地方，你不指，目标就没有了。

这2句话，估计是大多数人做事的思考模式，是典型的"推式"思考，要被指派和分配，如果一旦缺少指引，就像在森林中失去了指南针，在浩瀚大海中失去了罗盘。但如果你关注目标O，或者是主动尝试去挖掘目标，则有可能形成"拉式"思考，不需要别人指派，你很清楚应该做什么？应该怎么做？

"指哪打哪"多用在军事上，我们就用一个经典的案例来进一步说明“拉式”和“推式”思维的差异。

特拉法尔加海战是一次经典的战役。此次战役中的指挥者正是历史上著名的一对“冤家”——英国的海军中将纳尔逊和法西的主帅维尔纳夫。1805年10月21日，双方舰队在西班牙的特拉法角外海面相遇，决战不可避免，战斗持续了5个小时。在此次战役中，法西联合舰队遭受了毁灭性打击，主帅维尔纳夫也被俘。从此，法国海军精锐部队丧尽，从此一蹶不振，这也导致拿破仑被迫放弃进攻英国本土的计划，而英国也进一步确定和巩固了海上霸主的地位。

英国海军大获全胜，它到底做对了什么呢？其实，在开战初期，双方的海军实力并没有太大的悬殊。原来，双方本质上的差异是指挥思路。英国的纳尔逊非常清楚，一旦开战，现场会极其混乱，因此在作战思路和作战方式上，纳尔逊给与了下属极大的自主权，给大家一个非常明确的目标——要充分发挥积极主动性和敢于挑战的精神。至于如何发挥，各舰长按照作战的实际情况自己来调配和部署，这个作战思想也是英国海军长期训练的依据，被称为“纳尔逊秘诀”。而法国却正好相反，当时的拿破仑一手掌握军政大权，所有指令都需要按照他的安排行事。他奉行的就是“指哪打哪”，从上到下，都习惯了等待指令。

而且，在实战中，英国纳尔逊敢于突破陈旧的战斗理论，不按照传统的先在海上一字排开的作战理论，他让整个海军指挥官具备“拉式”思维，只明确目标，具体落地执行让各舰长自行决策，按照战时瞬息万变的情况灵活调整。而法西联合舰队一开打就已经乱成一锅粥，指挥官指令变来变去，各舰长无法独立思考和决策，完全乱了阵脚。

“指哪打哪”要明确“指”的是什么？像特拉法尔加海战，英国纳尔逊指的是“目标”，只要顺应这个目标，各舰长自行决策怎么打；法国舰队指的是“具体怎么打”，在瞬息万变的战场中还要告诉你具体打法，等这个指令发出去的时候，环境已经发生了巨大的变化，还严格“指哪打哪”，结果可想而知了。

现在我们再回到现实场景中来。就像做蛋糕的公司A，花费了大量的时间在制定制度、明确KPI、跟踪管理痕迹等方面，创造大量自上而下的管理方法A，然后又衍生出更多的方法A去追踪和跟进，确保之前的A被“完全、充分”地贯彻了。结果呢？CEO做着总监的工作，总监做着经理的工作，经理做着员工的工作，员工反而坐等指令，形成一种普遍消极的职场处事术：上级怎么说就怎么做；不用太努力，完成任务就好。

在这种管理模式下，员工创造的效益等于甚至低于企业支付的人工成本，员工没有发挥作用。更别提让员工能够成为P（伙伴）来参与经营了。管理者们是时候转换“思维方法”，让目标O思维回归了。

第三节 | 凡事先问O，找对方向再启程

在我们根深蒂固的思维模式中，我们常常陷入方法A本身，会纠结哪个方法更有效，会习惯性地自动忽略目标O，没有凡事先问O的底层思维，往往就在讨论方法A的道路上越走越远。

每年中秋节，应该是“每逢佳节倍思亲”的时候，应该是低吟美妙诗句思念亲人的时候。中秋来临，在这么一个重要的传统节日里，大家都很开心，因为有假期可以享受，而且有月饼可以吃。但这个月饼，却常常成为矛盾和抱怨的焦点，公司到底要怎么发月饼呢？对于企业而言，一份月饼代表一份温度。

现在的月饼形形色色，千奇百怪，一般能当点心吃的月饼并不便宜，便宜的又不放心入口，这就形成了痛点：发好月饼员工喜欢，公司经济压力却着实很大；发便宜的月饼，走形式，员工心领神会，以后工作也走走形式，钱花了，效果却适得其反。

怎么破局？容易，凡事先问O，给A调整方向，发月饼只是A而已，先搞明白为什么要发月饼。探究其历史，如中秋节因何而来，再如月饼因何而起，追根溯源找线索，一切都是故事的素材。

八月十五这个节日的起源有很多说法，其中流传最广的是射日

英雄后羿纪念其奔月的妻子嫦娥的故事。后羿射日有功，王母赏赐了他一颗不死神药，服下此药就能马上升天成仙。后羿舍不得妻子嫦娥，就把药交由妻子珍藏。后来一恶人逢蒙趁后羿出猎，持剑闯入内宅后院，威逼嫦娥交出不死药。危急之时嫦娥一口吞了下去，随即身子飘离地面向天上飞去，落到月亮上成了仙。

后羿思念妻子便派人到嫦娥喜爱的后花园里摆上香案，放上嫦娥平时爱吃的蜜食鲜果，遥祭在月宫里的嫦娥。百姓们闻知嫦娥奔月成仙的消息后，也纷纷在月下摆设香案，向善良的嫦娥祈求吉祥平安。从此，中秋节拜月的风俗在民间传开。

知道了这个小典故后，也就清楚了中秋节因何而诞生，因此，从这个角度来思考下，中秋节为何一定要发月饼，构思一个员工感谢家人的活动岂不是很好，回归中秋的初心？

而月饼的故事呢？吃月饼相传始于元代，当时，中原广大人民不堪忍受元朝统治阶级的残酷统治，纷纷起义抗元。朱元璋联合各路反抗力量准备起义。但朝廷官兵搜查得十分严密，传递消息十分困难。军师刘伯温便想出一计策，命令属下把藏有“八月十五夜起义”的纸条藏入饼子里面，再派人分头传送到各地起义军中，通知他们在八月十五晚上起义响应。到了起义的那天，各路义军一齐响应，起义如星火燎原。后来起义胜利，朱元璋下令在中秋这天庆功，并且制作起兵时秘密传递信息的“月饼”作为糕点进行赏赐，故有此月饼之说。

知道了来龙去脉，也就知道了背后的原因。结合这个故事，我们可以思考下，中秋节为何一定要发月饼呢，典故月饼是胜利庆功的方法A，那中秋这天，尝试策划一个庆祝公司具有里程碑意义事件的仪式，是否更符合月饼的由来呢？

关于中秋节的由来有很多故事版本，月饼的故事也很多。此处我们不为聚焦人文历史，只是拿其中流传较广的一个版本作为打开思维的案例，如有不妥，敬请谅解，如有雷同，纯属巧合。

中秋节发的不是月饼，发的是故事。

第四节 | 案例：布置工作至少说5遍

“小李，你来下，把这个报告的数据补充完整，明天下午准备好。”这是一个管理者给下属布置工作的典型句式。坦率地说，这种布置工作的方法已经算是比较具体和详细了。不少管理者希望自己的一个眼神、一个暗示和一个提醒，就能让下属明白自己在想什么，应该怎么做。所以，你会经常听到另一句管理者的口头禅：这件事不要让我再说第二遍了。

管理者惜字如金，下属不敢多问，这样的模式出来的结果大多不能如愿，等下属去汇报结果时，往往管理者又会一顿教训：“你怎么不问问我呢？谁让你这么做的？”

从POA底层思维框架角度来看，这种布置任务的句式是有很大问题的。管理者给下属布置工作，如果只说：你需要做什么，这是典型的只告知“What（做什么）”而不说“Why（为什么做）”的行为，下属拿到老板布置的工作，只会考虑如何落实这些“What（做什么）”，而不会去思考更宏观的“Why（为什么做）”的问题。因此，我们需要管理者既要说“What（做什么）”，又说“Why（为什么做）”，这个“Why（为什么做）”就是背后的目标O。

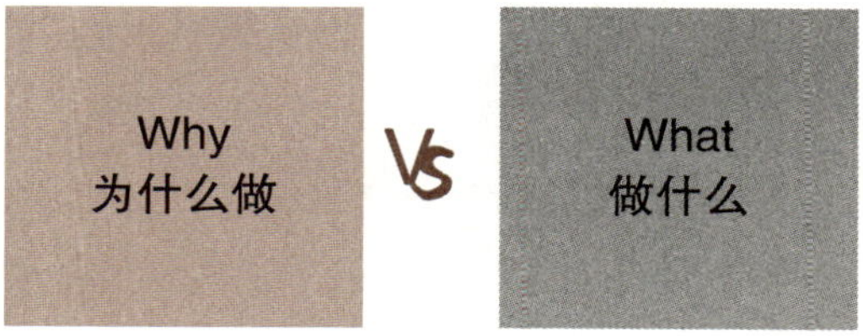

图3-1 为什么做与做什么

所有布置的任务本身只是方法A，其背后的目标O才是关键。我们通过聚焦目标O来布置工作，可以看看日本企业布置工作的方法，布置工作至少要说5遍。

第一遍：麻烦你做个什么事。

第二遍：麻烦你重复一下我让你做什么事。

第三遍：你知道我让你做这个事的目的是什么吗？

第四遍：这个事会不会出现什么意外，你怎么应对？

第五遍：对做这个事，你有什么想法和建议？

我们把这5个步骤串起来再看看。

第一遍：领导对员工说："小李，麻烦你帮我做一件事情。"员工说："好的。"然后员工转身就要走。

（此情此景和你我熟知的一样，只说了What）

第二遍：领导："别急，回来，麻烦你重复一遍。"

（确认信息被正确、完整地理解）

第三遍：领导："我再问你，你觉得我让你做这件事的目的是什么？"员工："您让我做这事的目的是……这次我可以走了吗？"

（这是彼此在确认目标O的过程，再明确原因的问题）

第四遍：领导："别着急走，我再问你，你做这件事情会不会出意外，出现什么情况你要向我汇报，出现什么情况你可以自己做主？”员工：“这件事情可能会出现……这些状况，出现……这种我会找您，出现……那种我自己做决定，您看可以吗？”

（第四遍后，背后的目标O已经明确无疑，并且进一步讨论事情的边界）

第五遍：领导：“好，如果让你自己做这个事情，你有什么更好的想法和建议吗？”员工：“如果按照我的想法来做，我打算……您看行不行。”

（五遍过后，背后的目标O已经非常明确了，并且在探讨更好的方法A了，领导要求做的事情，也许并不是最好的方法A，在经过四遍沟通后，目标O明确了，方法A也更好了，因为员工比领导更了解一线的实际情况）

5遍就可以结束了。

这个“追魂五问”的前四问都是在确认背后的O，磨刀不误砍柴工，“凡事先问O”。

领导的作用是确保方向的正确，以及让下属准确理解这么做的原因，然后让下属找到加速的A去达成这个目标，这就是我们说的“框架下的自由”：凝聚团队共识，激发团队活力。如果不在O上下功夫，后面恐怕要耽误更多时间去修正A。

IT'S TRULY POA

第四章　POA三支柱之重新定义伙伴P

我们常说“人多力量大”，这句话正确吗？衡量“人多”，是否还有更重要的因素呢？这背后的核心问题就是：什么样的人越多越好？你的理解直接决定着未来和什么样的人一起走下去，不管是创业、合作还是生活。

第一节 | 创业就是找伙伴，拉P的实战

记得在2013年时，国产电影《中国合伙人》备受追捧，豆瓣评分7.6分。该电影广受追捧的一个关键原因是，电影中的故事参照了知名企业新东方的创业史，3位主演原型也是来自俞敏洪、王强和徐小平。

我以创业为线索进一步探讨伙伴P。为什么选择创业这个主题呢？在平时的生活或工作中，貌似没有比创业这件事更能体现不断找伙伴P，不断融合伙伴P的重要性的了。创业过程是成也伙伴P，败也伙伴P。

《中国合伙人》讲的是3个有志青年相聚在高等学府燕京大学，开始了他们长达30年的友谊，并且在友谊的基础上开始梦想征途的故事。孟晓骏（邓超饰）生长在一个知识分子家庭，他的目标是站在美国的土地上改变世界，内心认定自己就是最优秀的那个人；王阳（佟大为饰）自由洒脱，外形俊朗，尽情地感受那个年代改革开放蓬勃激昂的气息，认为自己是诗人的命；还有我们的男一号成冬青（黄晓明饰），一个两次高考落榜的农村青年，差点就要一辈子当农民，硬是背下了整本英文字典，考进燕京大学。3个性格迥异的人，居然在燕京大学碰上了。

我们说过，聚在一起的不一定是真伙伴P，关键要看是否有相同的目标O，之前我们举过坐飞机去意大利的事例：你和你朋友虽然在同一个机舱里，但你们不是真伙伴P，因为你们目标O不一样，你的朋友是去参观历史建筑，你却是去购物的，可想而知，相比目标一致的人，你们两个一路上肯定是无法愉快地玩耍的。不是你抱怨他：这些破建筑长得都一样有什么好看的呢？就是他抱怨你：你已经逛了几个小时了，从1楼逛到5楼，还要买呀？

回到影片里的3个主人公，他们在燕京大学认识，但一开始并不是真伙伴P，因为他们进入大学的目标O也是不同的。但随着时间的推移，大学的环境让他们3个也和20世纪80年代末众多学子一样，憧憬着去实现一个美国梦。就在他们拥有了一个共同的目标O，变成真伙伴的时候，老天又和他们开了一个巨大的玩笑：成东青被拒签，看起来要延续他过往不顺的命运，眼睁睁目送两个好友出国圆梦。

成冬青很失望，他留校任教，却因为在外私自办学授课，惨遭除名，真的成了一无是处的失败者。

再到大洋彼岸，孟晓骏被浇了一身冷水，燕京大学高才生，却压根找不到工作，做起了餐馆服务员。

王阳继续秉承自己自由的个性，为了一个美国女孩放弃了出国。

3个性格背景迥异的人在燕京相识，在燕京分开，又走上了3条完全不同的路。到目前为止，你觉得他们3个还是真伙伴P吗？

成冬青没有退路，一无所有，他开始偷偷地办英语培训班，以自嘲为特色，慢慢地也自成一派。成冬青邀请王阳加入，更没有忘记孟晓骏，三剑客再次相聚，成冬青的自嘲式幽默，孟晓骏美国的经验和实用签证技巧，王阳的首创电影教学法，三人凭借各自的魅力，让培训事业空前成功。

剧情暂时先回顾到这里，成冬青遇到“事”了吗？他遇到什么“事”了？他遇到事了，遇到大事了，他开始踏上了创业的道路。最直接的想法，就是缺人手，需要有人帮忙，然后需要找人。人从哪里来呢？去哪里找人呢？

核心窍门：拉关系。只要是关系，先拉了再说。在电影剧情中，成冬青拉的关系是同学关系，在真实创业中，人们还会拉夫妻关系、家人血脉关系、朋友关系等。创业维艰，只要一开始不把你归为骗子范畴的人，估计你都要去找一遍。

拉了关系之后干什么呢？在电影剧情中，孟晓骏和王阳算是技术型人才，在培训行业中，他们贡献独特的教学方法，又都有申请赴美的经历；在真实创业中，有了伙伴就需要找资金、资源等。

你可能会有疑惑了，前面不是说只有有共同目标O才算真伙伴P吗？当然，这个标准没有变化。创业的路，坦率地说，是一条艰辛无比的路。你需要用所谓的计划书去说服投资人，让他们相信你可以实现这个蓝图；你需要用梦想去说服核心团队，让他们相信在你的带领下可以实现和成就自我；你甚至需要用你的真诚去打动客户，告诉他们选择你是最明智的决定。

因此，在创业的时候，尤其在早期，能伸手给予支持和帮助的，不管多少，都是真伙伴P，因为他们都有一个共同的目标O——希望你是顺利的，这也是创业初期要先拉关系的根源，这些关系都是多年陪伴产生的，曾经一起同窗，一起求学，一起参军，一起奋斗。

创业是聚心的过程，拉P（伙伴）从关系入手，让之前的感情在创业这事上得到升华和加固。

创业拉伙伴P，需要多少人呢？很多人在创业初期往往是一个人。电影里成东青拉孟晓骏和王阳一起创业，这3个人的角色和位置分别是：

- CEO/项目发起人：负责服务或产品总体发展方向，一般擅长营销，负责前端为主；
- 首席运营官：负责管理和串联职能；
- 首席产品官：负责产品和服务的打磨。

能聚合到这3个人，或者具备了这3种能力，一个创业的最小启动单元基本就具备了。最初阶段拉P（伙伴）到这个程度就已经很厉害了，第一说明你有足够的人脉，第二说明创业项目足够吸引人，可以快速上马了。

这个初创团队的人员配置在度过一段时期后，又会遇到事，而且又是大事。什么事情呢？缺钱了。

创业到这个阶段，需要更多的资金来支持进一步的发展，可能需要钱招募更多的专业人才，可能需要钱进行市场推广，可能需要钱进行技术研发，总之，缺钱了，而且是缺很多钱。

企业需要开始融资了，这是继核心团队拉P（伙伴）之后的第一次对外的拉P（伙伴）过程。找投资人的本质是拉伙伴P的过程，而且是拉真伙伴P的过程，往来都是真金白银，没人会掉以轻心。投资人有非常完备的流程来进行评估，专业上叫尽职调查。创业者也是一样，不仅要钱，更要人，要看投资人是否和自己对脾气。

不管是对脾气，还是尽职调查，都是过程，核心目的是检验大家的目标O是否一致。创业者和投资人素昧平生，互不认识，没有交情，更不了解彼此的历史，却要进行大额资金的往来。投资人把大把真金白银打入创业者公司，赌自己对行业的判断，更是赌自己对创业人人品的评估；创业者拿了这么多钱，自然也背负了更多的责任，起码要证明自己是可以的，最差也不能被认为是骗子，被列入失信人员名单。拿了钱，就多了更多的约束。

从这个角度来说，创业者在这个阶段拉的P（伙伴）和你一定是有共同目标的。从投资角度来看，钱是代表利益的，代表着投资人是否和你一条心，如果你拿错了钱，或者没有确定彼此的目标O，创业从一开始就埋下了不好的伏笔，我们叫结构化冲突。

如果创业者很幸运，经过了第一阶段合伙人的拉P（伙伴）过程，经过了融资的拉P（伙伴）过程后，马上就进入第三阶段的拉P过程——寻找优秀员工（包括核心管理层），也是通俗意义上的招聘过程。

这个招聘过程看似平常，但意义深远。它是一个筛选的过程，如果有效，企业活力焕发；如果无效，它会成为影响组织风格的罪魁祸首。

创业企业的招聘一般都是创始人或合伙人全程参与，为什么呢？为什么不让人力资源来做呢？这个核心原因是需要在起步阶段确保企业文化和风格的高度一致性，不能走偏了，“文化稀释”效应不能太明显。

我们举个简单的例子来说明下。销售员A和销售员B，还有1个月到年底了，他们2个都需要完成自己的销售指标才能拿到公司奖励的30万元大红包。销售A还差10万元就达标了，销售B还差50万元，他们俩无论如何都无法达标，但销售B此时手上还有个10万元的单子。这时，销售A对销售B说：“你把这10万元的单子转给我吧，这样我拿到30万元大红包和你一起分，你看如何？”

如果你是创始人，公司需要一个销售主管，你会选择销售A吗？销售A，他的目标O就是赚钱，而不会考虑方法。作为创始人，如果你也打算做短期生意，那销售A应该是不错的选择。但如果你是希望解决社会或商业上的一个痛点，还有更高的追求，那销售A就不合适了。他会成为“稀释文化”的催化剂，让公司氛围变得乌烟瘴气，没有比把一个不符合要求的人放在公司里更让同伴们受挫的。

像这样的事例，就是在考察创始人的初心。这个初心就是目标O，在迫切的业务压力和初心之间的正确抉择才是需要坚守的，才能成为后续拉真正P（伙伴）的准绳和原则。

对于一个创业公司，在没有人才与资金的情况下如何拉P（伙伴）呢?

- 目标要众所周知，彻底贯彻，让员工参与经营，共同奋斗
- 重视伙伴关系，为伙伴尽力
- 把事情简化，重视独创性

基于这些特点，创业公司在寻找真伙伴的时候，要注意几点：

- 对于自燃型的人，只有喜欢，才能让他燃起热情
- 能力考察要用未来时
- 要寻找思维方法一致，渴望实现目标的人

第二节 ┃ 真P（伙伴）远比你想的多

你的对手也是P（伙伴）——颠覆对伙伴的认知

论语说："三人行，必有我师焉；择其善者而从之，其不善者而改之。"几个人在一起走路，其中一定有人可以当我的老师，我们应当选择他们的优点去学习，对于他们的缺点，我们要注意改正。

在我看来，这是找伙伴最高的境界了。首先，它没有限制人群，而是以博爱之心来看待任何人和事。这里的"三人行"泛指各类人或事，意思是说，万事万物皆可学之，都可以拉来为我所用。这个立意点很高，包含了很深的哲学思想。如果说是不同行业、不同岗位、不同工作的人之间互相学习是比较好理解的，例如，你是做销售工作的，你会向老师这个职业学习，学习他们的春风化雨般的表达方法；或者你是做企业管理的，你会向体育教练学习，学习他们对于斗志的激励等。因为是跨行业、跨岗位，总会有专业和知识上的差异，但只要有一颗虚怀若谷的心，你会发现好多人都是你的真P（伙伴），你的目标是学习和了解。

但你是否考虑过这么一个问题："如果三人行中有我的敌人和对手，该怎么办呢？"想到这些敌人给我制造的麻烦和障碍，我就想彻底远离他们。该怎么办呢？

这一点是深刻理解伙伴P的含义、提高认知的关键所在。很多时候，你的对手、敌人或者是制造麻烦的人或事反而是你最真的伙伴P。

其实一开始我也不相信，或者说我也认为这事只会存在于理论中，但华为就是这么做的，而且是在巨大的压力之下做的。

最近几年，美国对华为各种打压，限制华为产品和服务，在没有合法理由的情况下逮捕任正非女儿孟晚舟。但是，华为把美国当作P（伙伴），认为美国间接地帮助他们促进销售、扩大影响力。一定程度上，美国从外部推动了华为进行管理改进、整顿队伍、产品升级等工作。

尝试从目标去思考问题的本质，你会发现伙伴多得远远超出你的想象，对手是你最好的镜子，他会在“显微镜”下去挑剔你、指责你，如果你愤怒，你就输了。我们要像华为一样，用太极的化解方法借力而为。在盘点自己的伙伴时，别忽略了竞争对手。

第三节 ┃ 拉P（伙伴）的误区

一、看中别人的资源，盲目地拼命拉P（伙伴）

一般在遇到困难、低谷或较大的灾难时，总会有人说："放心，放心，贵人相助，能逢凶化吉。"因此，"贵人相助"就成了一个说不清道不明的路径，反正结果是好的，这种情况下，"贵人相助"是在逆境的场合下出现的。

"贵人相助"还会在顺境的场合下出现，如许多成功人士常常这样说自己的成就：没什么，贵人相助而已。确实显得谦虚，但听者心里难免会想，为什么你们总能遇到贵人，我怎么就遇不到贵人呢？我的贵人何时出现呢？

事实也确实如此，在人遇到不顺、深陷困境的时候，心情、体力、脑力等最为脆弱，很希望能有人给予支持。不管是创业遇到资金问题、技术问题，还是职场遇到发展问题等，哪怕只是一句安慰或是提点，也很有可能让身处困境的人茅塞顿开，重新找回状态。

"贵人"是能为你提供最多帮助的人，他在你实现梦想道路上给你助力，是你的真伙伴P。当年马云创业维艰，遇到了蔡崇信，才得以生存下来并且突破发展。史玉柱在巨人大厦塌陷后负债累累，遇到贵人，才东山再起。

贵人相助的故事很多，但你为何感觉自己遇不到贵人呢？怎么才能拉到贵人这个真伙伴P呢？

要记住，贵人相助和抱大腿是不太一样的概念，主要还是方向不同。抱大腿是从你的方向出去，你是主动的，对方估计是被动的，抱大腿有附着、搭顺风车的感觉。贵人相助是从别的方向朝你来的，你是被动的，别人是主动的，对于你是锦上添花的事情。想想马云和史玉柱，还有其他那些贵人相助的故事，主人公并不知道自己见到的是贵人，他们也并没有刻意去"抱大腿"。

POA告诉我们，真P（伙伴）是被目标O打动或者吸引主动成为你的伙伴的，不是硬"拉"来的。而且这个支持者会有什么资源，你本身是不知道的，但是不重要，一旦成为你的真P（伙伴），这个支持者就会主动分享他的资源。这就是前面说的"遇到贵人"，其实在当下你并不知道他是"贵人"。

当阿里巴巴集资的钱所剩无几，连工资的支付都成问题的时候，时任瑞典AB风险投资集团亚洲总裁的蔡崇信本来是来谈判投资的，但跟马云聊完之后，他想都没多想便决意加入阿里巴巴。蔡崇信的加入是阿里巴巴开始腾飞的重大转折点，他加入后不久便用自己的资源为阿里巴巴拿到第一笔500万美元的风险投资。

当年的马云都没想到蔡崇信会被自己的目标打动而放弃风险投资集团亚洲总裁的职位加入阿里巴巴。

有些人会因为别人不愿意成为自己的伙伴而心生怨恨，想不通别人为什么不帮自己。用POA来思考，就找到问题的症结了吧！

二、用金钱、物质和利益来拉P（伙伴）

西汉著名史学家司马迁在《史记》中说过："天下熙熙，皆为利来；天下攘攘，皆为利往。”意思是说，天下人为了利益纷至沓来，也为了利益各奔东西，泛指普罗大众芸芸众生为了各自的利益而奔波。

既然利益是所有人的目标O，那就用这个目标来吸引人，万事万物都有其内在的规律，一个很简单但又非常有效的办法，往往是以简化实际情况为前提和代价的，这是比较典型的只关注方法A，而不问目标O的思维逻辑。就像你走路踩到水滑倒了，如果只是关注方法A并简化问题，那么你只要坚强地爬起来，直接把地上的水擦干就万事大吉了。

但关注目标O的思维是思考这些水是从哪里来的？为什么会有水在这里？沿着这个思维，你会发现原来问题在于空调，空调漏水。

同样的道理，用金钱、物质和利益拉伙伴听上去是一种“最正常”的方法，可是我们并不认为这些人拉到的是真的支持者，因为这些人不关心你的目标O，关心的是金钱和利益。

基于对人性的考量，当你一帆风顺的时候，会主动分享资源或者和你一起共创方法，为了那个共同真心向往的目标O全力以赴。当你碰到困难的时候，你们便很快失去了这种建立在金钱、物质和利益上的链接，他们会毫不犹豫地弃你而去。

这样的方法换来的是假伙伴，要特别小心！因为暂时或短期的交换带来的假伙伴会给你要做的事情或者你的组织带来潜在的巨大风险，我们称之为“组织负债”。“负债”大家都懂，就是欠别人的东西，财务负债是欠别人的钱，情感负债是欠别人的恩情或感情，同样的道理，“组织负债”是欠组织的东西。

组织就是一群人在一起做事。组织负债是你做的一系列决策妥协，这个“你”包括组织里的每一个人。

还记得之前那2个销售的事例吗？

销售A确实很聪明，脑子很活络，而且目标结果导向很强，就是要赚钱。假设你召集了一帮人在创业，你也很清楚团队需要正能量，要在规则内做事，你需要坚持“君子爱财，取之有道”的原则，你也希望秉承“做大业绩，获得奖励，问客户要利润，而不是内部投机取巧”的努力原则，但你迫于短期的压力，对于招聘标准和要求进行妥协，放弃了一些本该坚守的原则，把这个销售A招聘进来，并且还让他管理一个小团队。

你做的这个决定就会产生组织负债，因为你开始了一系列的妥协。销售A很聪明，当然也很“积极”，他发现，可以在某个特殊的时期把一批有轻微质量问题的产品卖给客户，可以帮助公司获得一笔意外的现金流。此时，你同意吗？你已经招聘进来销售A，并且让他做了管理，你已经在妥协了，所以当这个机会出现的时候，你大概率也是会妥协的。妥协就是这样一点一点积累的，公司的人都在观察，发现销售A的做法公司是默认的，长久累积，公司的潜在文化就形成了，劣币开始驱逐良币，组织亏欠的东西越来越多，逐渐腐败变质，最终负债到极限，资不抵债，组织开始崩溃。用利益来拉P（伙伴），是造成组织负债的重要原因。

三、只知道增加伙伴P，而不会减少伙伴P

因为相同的目标O而走到一起的人，是真P（伙伴）。这群人因为相同的目标O而产生共情，决定一起来共创达成这个目标。

通过上文，大家已经了解了找伙伴的前2个大忌，一个是因为别人有资源，盲目往上靠；另一个是靠利益去“收买”伙伴。现在我们进一步探究第3个大忌——只知道增加P（伙伴），而不会减少P（伙伴）。

“拉P”是POA语言体系的特有词汇，“拉”是个动词，是往自己方向来的意思，有聚拢的含义，但也会给人带来一些误会，认为“拉P”就是单纯地聚拢的意思。

另外，外部环境是会变化的，环境变化了，那么P（伙伴）也会发生变化。这时我们该如何处理P（伙伴）？

首先，我们需要先统一一个假设和前提，伙伴P是否能被称为真伙伴，这是一个动态的过程，目前的真P有可能往假P的方向发展，在团队中还不能算是真P的，却有可能进行向真P（伙伴）的转化。

企业通常会对人才进行盘点，主要是对业绩、工作态度等方面进行评估。我们看一下阿里巴巴的人才盘点分类图，它是按照绩效和价值观两个维度进行打分的。其中绩效好、价值观又吻合的，就是我们所说的真伙伴。价值观吻合，说明长期目标O是一致的。业绩又好，说明方法A也没出现偏移，能取得成绩。所以，我们也把这类人定位为“明星员工”。拉P的本质是拉这种人，这种人越多越好。

如图4-1，“明星员工”这个象限的真伙伴从何而来呢？绩效好且价值观吻合，这类伙伴一般都是自己内部培养而来的。大家看这个图中的“老黄牛”和“小白兔”，“老黄牛”代表组织中大多数员工的状态，他们绩效平平，价值观也属于中等水平，没有大功也无大过。这批人是未来“明星员工”的储备池，拉P（伙伴）时需要重点关注他们。我们说过伙伴P是动态的，它是会变化的。

“老黄牛”的员工会往不同象限变化，这就要看组织的环境是如何引导的。

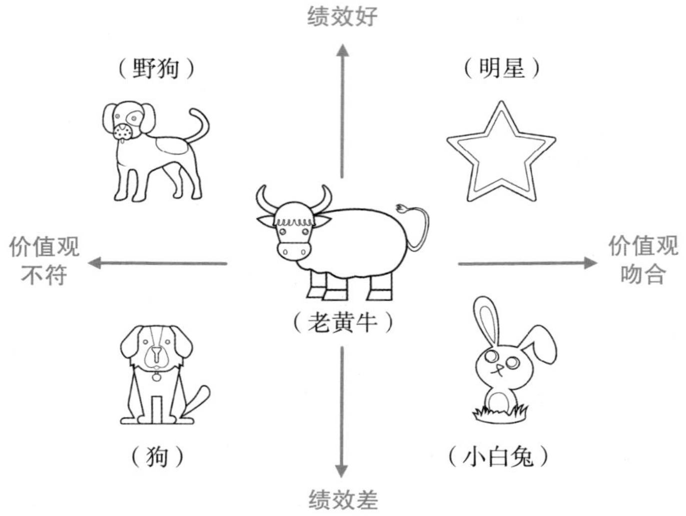

图4–1　阿里巴巴人才盘点分类图

“老黄牛”绩效一般，那我们就帮助其提升绩效，同时应增加其对组织价值观的认同感，尽可能使他们往“明星员工”转化，哪怕转化不了，也让他们本分地待在“老黄牛”的位子上。

“小白兔”一般是指价值观认可度很高，但绩效不好的员工。我们应帮助他们找到业务提升的点，让这批人往“明星员工”转化，最差也是往“老黄牛”转化。

看看“明星员工”的对角线上的“狗”——绩效差、价值观也差。对于这批人，我们必须马上开除。

伙伴P会变化，是动态的，我们能做的或者能干预的，就是创造往预期方向变化的大环境。对于“狗”这个象限的对象来说，他们的存在会严重影响良好环境的构建，没有比让一群不符合要求的人待在团队里更让人沮丧的。

将优秀的员工聚集到一个团队，正向能量会不断地扩大。但是，如果团队里有绩效、价值观都很差的员工，那必然会影响优秀员工，甚至影响团队的整体发展。

“野狗”“小白兔”象限也是一样，要尽快识别然后利用组织现有的“拉P”途径进行转化，给予专业培训和价值观的引导等，尽量往“明星员工”和“老黄牛”的位子上去拉，如果无效，马上进行清退。

当你要评估或判断一件事情是否可行的时候，可以先评估这个做事的团队。一般人可能会从创始人的背景或经历来进行判断，而我会从其对组织的理解、干预和预期角度进行重点评估。如果一个组织在过往没有进行主动的人才盘点，那一定会形成未来的组织负债。

谋定而后动。很多事情虽然时机不成熟，或真正采取行动的大环境未形成，但这完全不影响“先谋”。

如果你在创业，那就更容易理解了。看看你的合伙人是否对股权架构设计、退出机制、顶层架构等“谋”过，如果他们没有，甚至没有意识，那么后续你将如何减少不合适的P（伙伴）呢？因为P（伙伴）是动态的，在创业初期合适的真伙伴P，随着事业发展，可能能力完全跟不上了，需要新人来继续借力，那你如何减少这些不再符合组织要求的P（伙伴）呢？

2010年，阿里巴巴18个创始人“集体”辞去“创始人”身份，改为合伙人制度。马云认为，合伙人作为公司的运营者、业务的建设者、文化的传承者，同时又是股东，最有可能坚持公司的使命和长期利益，为客户、员工和股东创造长期价值。

这是拉P（伙伴）的经典案例。顺应伙伴P是动态的现实，能进能出，能者上，庸者下。

敲黑板，画重点

在一起的并不一定是真伙伴P。真伙伴是动态的，我们需要对伙伴（P）进行动态评估。

第四节 | 案例：谁才是真伙伴，你真的了解裁员吗？

“裁员”这个词很大程度上意味着“消极”的意思，多指企业在发展中可能遇到一些问题，所以通过裁员来进行调整，不管是调整财务指标也好，还是调整业务方向也好，总之给人的感觉就是“出问题”了。从POA体系来看，裁员也是有效拉P的过程，让留下的伙伴P真正能符合企业不断变化的要求。

在POA的体系中，裁员是方法A，不能单把裁员这个A拿出来孤立地说事，要在既定的环境下，更要在组织这个系统里去看待这件事。带着这样的思维再来看裁员，你会发现，“裁与不裁，其实考验的是组织优化的能力”。

2020年我们经历了最大的黑天鹅事件——疫情，在疫情极端环境考验下，裁还是不裁基本等于生存或者毁灭，两者是可以画等号的。裁了，企业可能生存，但对于目前大环境下的员工个体可能就是毁灭；不裁，企业可能更挺不了多久，到头来还是毁灭，员工个体还是一样的结果。

在POA“组织促动飞轮”模型中，有一个动力因子“环境”，它是组织这个体系的动力来源。为什么说环境是动力来源呢？因为环境会造成势能差，势能差会带来压力，势能差的方向也就会形成不同的压力传导。

环境会造成2种压力传导，一种是常见的“渗入式压力”，即从外部传导进来，这种压力到来的时候，企业往往是被动地接受的，像这次黑天鹅事件疫情，是外部压力传导的极限表现。

还有一种是“溢出式压力”，是从组织内部往外导向的，可以理解为是主动的，自找的压力。像华为十年前的“备胎”计划，就是基于自己构想的“极限环境”来倒逼自己组织进化和改革的。

我们简单了解下这2种压力，再来看裁还是不裁的问题。可以分为2个层面来解释：

裁员只是手段不是目标

第一个层面：疫情当下这个节骨眼上，企业如果能抗得住，建议尽量不要裁员。什么是裁员？裁员意味着企业和员工的“心理契约”被彻底打破，一“裁”两不见，是彻底的分手。这个时候“裁员”，时间点不对，立场不对，传导的信息更不对。企业有大有小，但企业责任感就像基本的礼貌礼仪，公序良俗一样，不管大人还是孩子，都需要遵守的。

企业确实有困难怎么办呢？在“组织促动模型”中，我们认为裁员只是手段，目的其实是在疫情之下如何减少成本，活下去？如果基于这个目标O，企业反而有了一次“借事修人”的好机会。我们通过一个案例来说明。

某家企业在疫情情况下，也需要开源节流，特殊时期，开源虽然也在进行，但总体推进是不够的，需要在节流方面多考虑。这家企业没有裁员，而是利用这次疫情的“危”，转化成企业推进“股权激励”的“机”。企业进行了人员盘点，开展了核心座谈会，抛出了

“股权激励”方案，让认同企业的真伙伴，让渡短期的现金回报，转而拥有企业长期的“股权”分红，这一措施一举三得。

一得：面向薪水最高的核心人员发起邀约，减少了薪资的开支。

二得：在疫情这个大家共同认知的危机事件背景下，推进了构思许久的“股权激励”方案，冲突了组织阻力。

三得：真正在核心层评估出了合作伙伴，测试出了哪些人是真正对于公司未来有信心的，真正具有事业心的。

不裁员一样解决核心问题，“组织促动飞轮”帮你拨开层层迷雾，直指本质。

主动创造溢出式压力氛围

第二个层面：抛开疫情这个要素，光谈裁员这个事，还是有值得肯定和思考的地方，企业需要每年进行人员更替和换血。企业要学会自己构建“压力环境”，主动创造“溢出式压力氛围”，撬动人员变化，这是对抗组织熵增的好办法。

吐故纳新是确保组织延缓衰老、保持青春的唯一选择，华为会“有组织”地制造些“混乱”，会有破格提拔，会有火线任命，曾有研发体系2000名“将士”奔赴市场一线，首先就是对其给予提拔，一级不够二级，二级不够三级，逼迫研发人员去一线，从市场和客户角度来探索未来，同步激活研发组织。

我们从外部宏观压力再回到内部的主动裁员，就会见怪不怪了。企业要长期发展，组织必须像生物体一样不断进化，每个细胞也需要新陈代谢，周而复始去适应环境，员工不能太安逸，不能失去斗志，不然彼此会产生不良影响，如果员工逐渐丧失斗志和凝聚力，队伍就真的从内部开始瓦解了。

企业需要真正的伙伴。他们认同企业的长远目标，并推动目标的实现。企业需要新陈代谢，同时也应该努力创造能让员工个体更好成长的土壤；对于员工个体，也需要保持自己的活力，成为企业的真伙伴！

裁员，只是非常理性的一次资源调配，它的目的是持续优化组织能力。

同样，2018年6月，特斯拉宣布裁员9%，裁减约4100名职员，而另一家通信半导体大亨博通在以55亿美元收购博科之后，为削减成本和进行业务方面的整合，已经裁减1100名员工，并且裁员还将继续进行。从上述两则新闻中，我们不乏看到快速增长、大量招聘、企业并购、组织重组、岗位重叠、扁平化管理、人力成本等熟悉的字眼，但其背后的本质还是甄别出真的伙伴P，满足企业的要求。

再抛一个问题给大家想想：你认为特斯拉是一家重资产企业还是一家轻资产企业？在早期以门户作为互联网模式的时代，拥有工厂、土地、大量生产设备、大量的员工被认为是实业，重资产企业，也被认为是和互联网企业相对的，互联网企业因为前期投入以人为主，人均产出高，也被普遍认为是轻资产模式。曾几何时，“轻资产企业”成了新的时髦用语和追求的方向。

按照这个标准，特斯拉貌似是一个重资产企业，它具备重资产企业的各项要素。但如果从组织角度来看，你也会发现，不少电商行业，虽然披着互联网的外衣，却是十足的“重资产”企业。

组织概念在迭代更新，组织边界已经被打破，企业要从拥有员工变成使用能力。现在不少企业就是典型的组织重资产企业，花的是“拥有”的代价，却没有换来应该有的“使用”效果，反而是真正拥有实物“重资产”的企业，在经济发展大势中资产得到了增值。

特斯拉、博通都是美国企业，也都是创新领域的优秀企业，创新是这些企业的DNA，打破常规、质疑一切是思考模式和框架。轻资产模式并不是代表缺少设备、工厂等实物，而是要轻在管理、轻在可控、轻在复用上。大量的机器人和自动化工厂，造成实物资产重了，但组织轻下来了，可使用大量的专业合作伙伴的能力去解决专项问题，而不需要去拥有，这是全新的共创思维。

通过共创构建“组织轻资产”企业是未来大势。按照POA的思维，这就是O，裁员只是其中一个A，明白了这个道理，再来看裁员，它只是非常理性的一次资源调配而已。

对于任何一个职场人士而言，顺势而为，扩大自己被复用的可能性是一个好的路径。

最后，再给大家补充一个裁员的背景情况。案例中的特斯拉、博通都是美国公司，这点很重要，所以我们需要放在美国商业语境中去看待。美国的法律很健全，联邦法、州法律以及近200年的判例都会作为判决的依据，属于典型的“海洋法系”，整个立法和判例形成的过程，基本就是立足于雇主、雇员平等意志基础构建的，这个基本认知对于我们理解案例是非常重要的。美国法系推崇契约精神，各州具体操作不同，例如在加州，员工和企业没有特意的劳动合同，一个Offer或邮件都可以作为劳动关系的确定。

企业和员工都很明确一个和我们非常不同的条款：at-will Employment，自由雇佣条款，即雇主在不违反法律（例如：种族歧视）的前提下，是可以不需要任何理由直接开除雇员的。对，你没有看错，就是这么任性。大家是否还记得特朗普在当总统之前，有一个很有名的职场真人秀*Apprentice*（《学徒》），他最经典的一句话就是：You’re fired（你被解雇了）。其底气是有法律支撑的。

现在的你对裁员是否有了新的认知呢？

IT'S TRULY
POA

第五章　POA三支柱之重新选择方法A

“方法总比困难多”这句话曾经是激励人们走出困境的金句，但现在方法不是少了，而是太多了，多到泛滥，多到超载，对于方法的选择本身就变成了一种负担，因为每种方法背后其实都对应着时间和精力的消耗，都有成本的代价。那如何选择更好的方法呢？选择方法需要注意哪些方面？

第一节 ▎A是有方向的，就像牛顿力学里的加速度

在POA体系中，A是加速度（Acceleration）的意思。加速度是一个纯粹的物理概念，来自经典的牛顿力学第二定律：物体的加速度跟物体所受的合外力成正比，跟物体的质量成反比，加速度的方向跟合外力的方向相同。

牛顿第二定律用公式表示为：$\vec{F}=m\vec{a}$，你会注意到在F和a上面有一个箭头符号，并且所指的方向都是一致的，它代表定律定义中的“加速度方向和合外力方向相同”，因此，加速度“a”的一个特性就是“方向性”。

在POA体系中，A代表着“方法”，从字面意思来看，好像和加速度不太一样，但本质的核心没有区别：方向要一致。在力学公式中，加速度a和要和力F方向一致；在POA体系中，方法A要和目标O一致。

大家熟悉的拔河比赛，虽然是一项看似民间的活动，但其实是受国际认可的竞技项目。对于我们普通人来说，平常生活中的拔河对抗，主要就是拼体重，胜利往往属于“吨位”较大的一方。

但在专业的拔河竞技中，技术就显得非常重要了。专业竞技中，是有全体总体重限制的，所以比赛双方体重大致均衡，不会出现一

方明显占优的情况。专业拔河竞技以防守为主，进攻为辅，看两队的8个人谁先出现动作变形。

专业的拔河队伍，大家是站成一排的，所有力量都集中在同一个方向上；业余的比赛，大家是千姿百态，站位一左一右。

参与过拔河的人都有体会，按照一左一右这种业余站姿，一旦开拔，力量是会被左右分解掉的，经常会看到队伍拔着拔着就开始左右乱晃了，这是一个明显的卸力过程，会导致水平的力下降。专业拔河运动员始终保持力在同一条直线上，如果你看下专业拔河视频，会发现各队队员的移动步伐都是整齐划一的。

最终决定哪队失败的，就是看谁的队伍动作先变形，造成力量偏离主线，一旦力偏离绳子的方向，就马上会被对方抓住破绽集中发力突破防守。

拔河所有队员用力需要和绳子方向保持一致，方向既然如此重要，你可能会问，在POA中，方法A的方向由什么来决定？需要和什么保持一致呢？答案就是和目标O保持一致。

A（方法）和O（目标）方向一般有3种对应关系：

1. 同向促进

A（方法）是为了促进O（目标）的达成的，我们把A定义为有效的方法，同时说明A（方法）的方向和O（目标）的方向是一致的。

这是最完美的匹配，这种A（方法）越多，目标O达成的概率就越高。例如，我们之前提过的案例，一家人计划旅游，在“去海南”还是“去西安”的问题上意见不一致，彼此发生争执。但如果我们用POA的思维来考虑，把问题聚焦在O（目标）上后，争执马上就从一个二选一的封闭命题，变成一个充满无限想象的开放式话题，讨论就转化为“如何安排一次亲子活动”，那么方法

A就不仅仅局限在“去哪里”这个问题上了，更可以扩充为要以什么形式来安排这次亲子活动，马上获取A的思路就打开了，随之而来越来越多的方法，一定比仅仅“去海南”更能带来一次精彩的亲子活动。

再来看一个案例，如果我们把“成为更好的自己”作为O（目标），那A（方法）可以是人生修炼，可以是读书启智，可以是拼搏事业，可以是投身于公益，更可以是成就亲密关系。所有这些A和O都是保持方向一致的，必然促使“未来最美的自己”越来越快地到来，而且往往比自己预期的还要美。

2.逆向阻碍

A（方法）是阻碍O（目标）的达成的，说明A（方法）的方向和O（目标）方向是不一致的，甚至是相反的。

我们将“追求美”作为O（目标），如果此时的A（方法）是整形：脸要越尖越好，鼻子要越高越好，眼睛要越大越好。你会发现这样的组合并不美，甚至还有点恐怖，和目标完全背道而驰。

3.没有交集

A（方法）和O（目标）没有任何的关系，A（方法）归方法，O（目标）归目标，两者各自“玩”各自的，没有促进，没有阻碍，没有任何的交集。

这种情况也很常见，它的产生一般都是因为在“问题是什么”这个层面出现了重大偏差，也是在“问题澄清”环节出现了问题。问题都没有搞明白，方法A就会选择错误，出现“空转”的情况。

从深层次角度来说，这种重大偏差一般存在于“认知层面”，即“不知道自己不知道”。在现在的职场和社会中，不少年轻人有比较宏大的目标，例如，5年内晋升到高级经理层级，3年内考上在职研究生，2年内学会一门新的外语，等等。按照道理来说，一旦你确定了自己的目标后，需要进一步细化和拆解，明确从现在开始到未来目标的路径，尽量明确每一步要怎么走。

但现实情况就是，目标O被高高挂起，方法A继续按照自己最舒服的方法来。如果你希望自己在5年内能晋升到高级经理层级，你需要明确高级经理层级需要什么能力，那些目前已经在高级经理层级的人都是怎么做的，看看自己和他们的差距在哪里，这些差距是如何产生的，哪些差距是简单的工作年限造成的，哪些差距是需要通过专项训练提升的，哪些差距是需要刻意练习来改进的。如果没有考虑清楚这些，你只是采用“早出晚归”这个A，继续充当着老黄牛的角色，那很抱歉，你就是处于“空转”状态。

“空转”状态比“不转”或者“反转”好一些，哪怕你进步不大，但起码还能保持现有的水平，但要达成自己设定的目标O却是比较困难的。

第二节 ❙ 用O（目标）选A（方法）

我们已经明确了方法A和目标O的3种对应关系：同向促进、逆向阻碍、没有交集。接下来，我给大家介绍大多数人在A这个维度中可能遇到的“大坑”。

1. A具有迷惑性

A（方法）常常在你的认知中伪装成O（目标），当你深陷其中努力突围的时候，不妨用POA的思维看看方向是否跑偏，看看是否把A（方法）错当成了O（目标）。

错把A当作O，这个结论看似荒谬，但确实是出现概率最大的情况。

先走进工作环境里去看看，你觉得KPI是A（方法）还是O（目标）？如果你没有学习或了解过POA思维，估计压根不会想到这个问题，因为想到工作对应的画面，就是完成自己的KPI。你问问自己，问问周边的小伙伴，你的工作目标是什么。10个人中有9个人的答案是完成KPI。

KPI是什么？KPI是指标，指标是从目标中抽象和分解而来。用POA思维来看，很明显，KPI只是A，是一种方法而已。但事实上呢？员工把完成KPI当作了自己的目标O，公司在拆解战略的时候，实际做的事情也是对KPI的分解，而非对目标的分解，KPI就成为从上到下的目标O，人人都围着KPI转，人人都以KPI为大，什么合作、什么协同、什么客户，其背后的真O已经没人去关心了。这是A和O的逆向阻碍对应关系。在真实组织中，更有甚者，会人为地搞出一堆KPI让其“空转”，完全和要达成的目标O没有任何关系。

2. 同样的A能满足不同的O

A公司决定组织大家进行2天1夜的温泉旅行，公司一大半员工都是年轻的毕业生，也有一些元老级员工，依照年龄都可以当年轻毕业生们的父母了。

当公司发布组织员工旅游的通知后，老员工就开始嚷嚷：“和那些小朋友有什么好玩的，咱哥们几个泡好温泉在房间里搓麻将多好。”有的员工还说：“与其出去旅游，不如直接发钱，我们可以去自己想去的地方。”

公司老板听了火冒三丈，严厉地批评了那些老员工。在公司大会上，老板说出了公司组织旅游的O：增强新老员工之间的团结纽带及信任关系。通过旅游时的互动，员工之间能建立打破上下级隔阂的同伴关系。

如果老板不把O说出来，员工就把公司组织旅游的目的理解为单纯的玩乐，肯定就会选择关系好的小团体活动，公司花了钱却没能实现组织旅游的目标。

同样的温泉旅行，不同企业却有不同的O，比如，奖励员工辛苦的工作，彰显企业福利等。这种情况就要特别小心，别人又不是你肚子里的蛔虫，根本不可能知道A背后你所期待的目标或者意义，所以给出A的同时一定要给出O。切记！切记！

敲黑板，画重点

A是有方向的，方向代表匹配与磨合，方向不一致会带来效率、成本的问题，最终会影响当事人或者组织的信心。能持续达成目标O是对信心最好的构建。

第三节 | 只选对的，不选贵的

网上曾经流传过一个关于空肥皂盒的故事：最大的化妆品公司A经常被客户投诉，说买来的肥皂盒里面是空的。这是个大问题，为了防止生产线屡屡发生这样的事情，A公司花大手笔请来一个学自动化的博士后，让他设计一个解决方案来把空盒子挑选出来。

博士后一上任就成立一个十几人的科研攻关小组，综合采用了机械、微电子、自动化、X射线探测等技术，花了几十万元，成功解决了问题。每当生产线上有空肥皂盒通过，两旁的探测器会检测到，并且驱动一只机械手把空皂盒推走。

无独有偶，中国南方的一个乡镇企业B也发生了类似的问题，于是老板找来个小工说："你赶快给我把这个搞定，不然走人。"小工果然想出了办法：他在生产线旁边放了台风扇猛吹，空皂盒自然会被吹走。

坦率地说，这个段子经不起推敲，但故事本身也能引发一些思考，会自然形成两个不同意见的派别。会有很多朋友非常认同故事中南方乡镇企业B认为它的办法具有大智慧，因为成本极低，一台工业电扇就解决了问题。

如果用POA思维重新来看看这个故事，用机械手还是工业风扇，都是方法A层面的问题，光看方法A是无法比较的，因为方法A本身无所谓好坏之分，你不能说博士后用的机械手就是增加成本，就不好，一个没有受过教育的小工用工业风扇就是好的，因为成本低，这样的比较是没有意义的。方法A需要结合目标O一起来看。

博士后应该不会想不到大功率电扇这个A吧，为什么不用呢？应该是和他所在企业A的目标O与南方乡镇企业B的不太一致而已。虽然把空肥皂盒挑选出来是一个目标O，但对于A企业来说，这个目标O可能会更复合和复杂，博士后的方案成本高，机制原理比较复杂，但能保证检测率达到100%，并且效率很高，按照A公司的产量来说，达不到100%的检测率，就意味着成千上万的空盒子流入市场，对于其更贵的品牌价值来说，损失的就不是方案本身增加的这些成本了。

如果用大功率电扇来吹，可能会出现如下问题：

1.空盒子被吹后，可能会出现翻滚、碰撞等不可预测的运动状态，可能会影响非空盒子的状态，会给流水线带来极大的不确定性，有可能会影响到后续包装装箱。如果非空盒子被撞偏，或者空盒子到处跑，严重的会造成流水线中断，给排产计划和时效带来极大的损失，这应该是严格管控生产质量的大公司无法接受的。让一个不可控的流程存在，属于生产事故。

2.大功率风扇是无法保证100%检测出空盒子的，而且装了肥皂的盒子也有可能被吹走，质检环节反而会变得更加复杂。

3.吹掉的盒子如何处理呢？没有规律的运动状态造成没有规律的落点，需要专人去回收。回收的盒子也可能会因为跌落造成损伤。

4.大公司对生产环境清洁度要求极高。对于无尘、无菌作业环境，风扇肯定是不行的。

下面几条都是假想出来的目标O：自动化生产、自动包装、生产量极大，这些目标O是和A公司采取的方法A对应的，因为它需要更加严格的生产工艺和极高的合格率。

对于南方乡镇企业B来说，他们的目标O可能完全就不一样了。企业销量不大，生产线的停顿并不会带来太大的损失，订单不稳定是经常有的事情。同时，企业人工成本低，周边有很多人力资源可以使用，用小工现场捡拾空肥皂盒是理想的方法，可能后续装箱也是人工的，对于生产工艺的要求并不是很高。

另外，生产环境可能要求也不高，无须无尘、无菌，这样电风扇也就足够了。我们再假设下，肥皂本来销售价格就低廉，对于皂盒因为被风扇吹走造成的微小瑕疵消费者也不会太关注，而如果像A公司那样增加几十万元的投入成本，后续很难靠销售摊薄成本，企业不太可能接受这个亏本的方案。

按照故事的框架和我们推测的逻辑，博士后研发的高端的解决方案是适合A公司的目标O的，经济成本虽然不低，但如果从品牌价值、生产工艺提升等来看，还是非常“便宜”的方案。对于乡镇企业B来说，电风扇方案是最适合他们的目标O的。

通过这个故事，我们了解POA思维中A和O的对应关系，A对于O有无数种匹配方案A，最合适的才是最好的。不应该片面地对某种方案进行否定或者推崇，而是要根据自己的目标O选择最优解的A。

第四节 ❙ A也会变成小目标

世界知名导演克里斯托弗·诺兰有一部影响力很大的电影《盗梦空间》。电影中的主人公可以游走在梦境与现实之间，所以这部电影也被称为“发生在意识结构内的当代动作科幻片”。

电影中最吸引人的情节是，主人公可以进入梦境中的梦境。我在看电影的时候常常怀疑自己数学没学好，永远搞不清主人公在第几层梦境，搞不清楚他是在现实中还是在梦境中，还是在梦境的梦境中。这些层层嵌套的画面让我记忆犹新。

碰巧的是，POA体系里也有个“盗梦空间”，我给它命名为“POA体系的加装套件”。如果你去购置特斯拉，可能会需要加装一系列炫酷的装备，加装的部分不仅可以提高颜值，更重要的是增加核心功能，让你能应对更多的环境，让安全的保障更加智能。POA体系的这个“加装套件”也是同理。

我们先简单回顾POA体系基本版的“配置表”，POA 3个字母把空间分为了3部分，分别代表目标O、伙伴P、方法A，3个要素要能形成循环闭环：目标O能凝聚伙伴P，伙伴P能共创方法A，方法A能服务目标O。

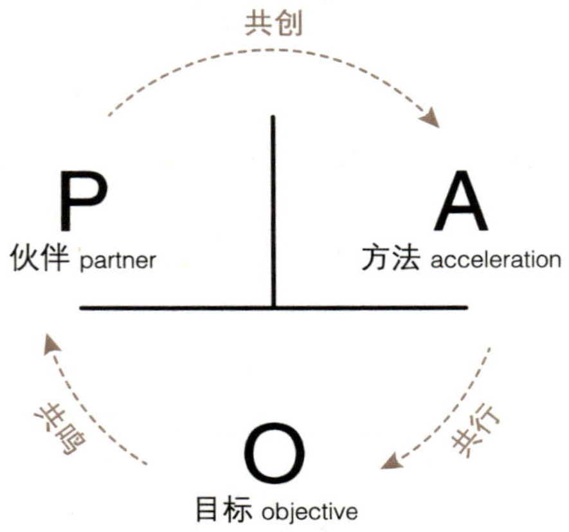

图5-1　POA小循环

图5-1就是POA的基本版配置。那加装定制版本是什么样子呢？我们看图5-2。

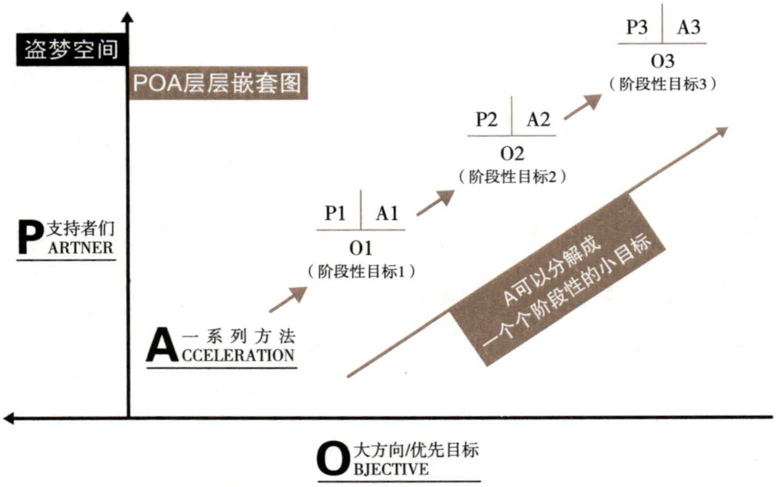

图5-2　POA加装定制版本

是不是有《盗梦空间》那种烧脑的感觉呢？

为什么要进行嵌套呢？看似那么复杂！

在POA体系中，目标O在分母的位置上，自带“母”字，属于前辈，它确定大方向的问题，是体系中的核心人物。

方向是不能错的，如果你计划往北边走，实际上你也在往北走，想的和做的保持一致，那你就能实现自己的目标；如果你要往北走，实际却往南走，那你只会离目标越来越远。走错了意味着“代价”，会连累他人。公司如果发展方向错误，后续可能带来大规模裁员。所以，O（目标）一直是养尊处优，高高在上。

P比较高冷，刚开始因为不了解，可能会有看不惯对方的情况，但因目标真正聚集到一起之后，就会形成团队，一起共创方法，齐心协力开拓事业。

最麻烦的就是A，虽然位居26个英文字母之首，但因为是方法的代名词，注定是干活的角色。要随时和O（目标）保持路线的一致，方向性问题不能出错，不能跑偏。不管是去火星还是去海沟五洋捉鳖，指哪去哪，去哪打哪，没有半点废话。同时，还必须和P（伙伴）保持高效的沟通，能准确表达出各位P（伙伴）的核心精神，要不断碰撞、磨合。

A作为方法，是被P共创出来的，就像DNA改造，把最好的基因都融合在一起，所以A（方法）有多样性，最佳基因融合所带来的一定有深度、有内涵。

前面我们讲过，A是不能取代O的，否则又会习惯性陷入：把A当作O，说A不说O的解决问题思维中，那既然在POA体系中A不能取代O的位置，那A能不能成为一个目标呢？

答案是可以的，POA的盗梦空间（图5-2）告诉我们，A是可以变身为小目标O1、O2……

于是，优秀的A想出了一个加盟模式，化身为O1，去吸引P1，再产生A1，完完全全地复制系统的逻辑，不断的演化和新生。

为什么需要这样的变形？ POA盗梦空间的作用又是什么呢？

让我们回到之前中秋节的案例来找到答案！

话说中秋将至，A公司希望借由佳节，办一场目标为“聚心聚力，激发员工斗志”的中秋晚会，于是市场，行政，人事和部门助理作为这个目标O的P开始了头脑风暴，共创良策。一起来看看O是怎么被层层分解的吧！见图5-3。

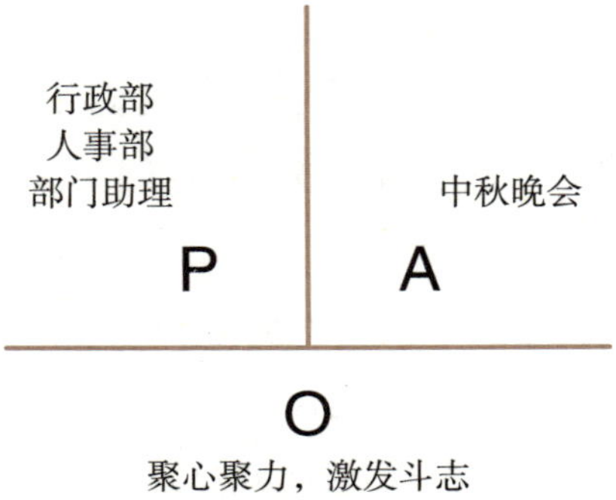

图5-3　POA信息下载

大家仔细对比一下图5-3和5-4，会发现对于拿到一个“任务”A，比如，办一场中秋晚会，第一个正确的步骤是搞清楚背后的O（目标），A一定不能取代O，办晚会绝对不是目的！

确定了真正的目标O以后，那么，A就是办一场中秋晚会，这个命题太大了，是不是有点无从下手呢？各个P之间也不知道如何联动，所以，这个时候，就该A变身啦！

图5-4中，A华丽丽地变身为O1，那么，基于这个目标，它对应的P是谁？然后找到这些伙伴一起来共创A，于是，就新产生了A1，A2，A3……

然后，A1、A2、A3……又可以作为下一层级的目标O2、O3、O4……仔细按照POA可复制的极简逻辑推演，直到A被分配给每个具体的P，能够有立马能做的行动出现。

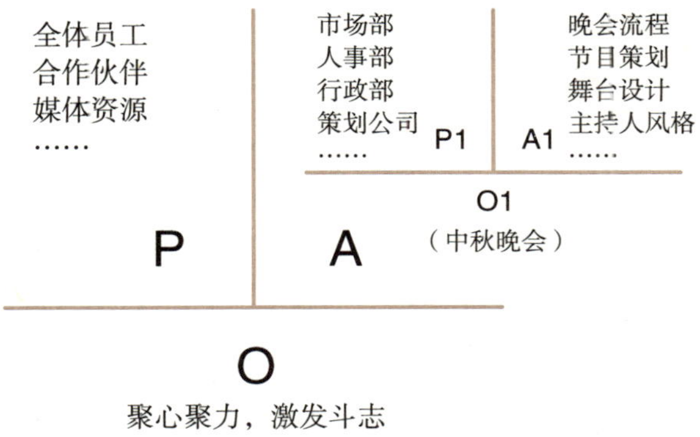

图5-4 A也能变身为O1

图5-4中第一层的A——中秋晚会，就成为下一层的O1，第二层的象限中，A1就成更细的方法，来支撑目标O1了。A1所有罗列的方法中，晚会流程、节目策划、舞美设计、主持人风格等都会成为再下一个层级的目标。我们把中秋晚会这事再进一步拆解。

于是你会看到图5-5的样子，不仅有垂直方向的嵌套，也有水平方面的分解，会有和A1并列的A2等平行方法，每个方法又可以进行垂直的嵌套。

我们把中秋晚会这个分析方法再提炼下，就可以看到图5-5这个加装版盗梦空间的效果图了。

层层嵌套，让O从宏观到微观，从整体到个人地被拆解开，每个步骤都清晰可见，图像化展示，把复杂事情简单化，所有的P马上就可以行动起来。

所以，POA的盗梦空间是为了帮你把大目标拆解到你能立马行动的第一步，而且通过一张图很清晰地展示了各个P之间如何联动，确保大家整齐划一朝着确定的目标开始行动，每个阶段性的目标都可量化和衡量，能够随时复盘随时调整，非常适合现在充满不确定性的快速发展的大环境。

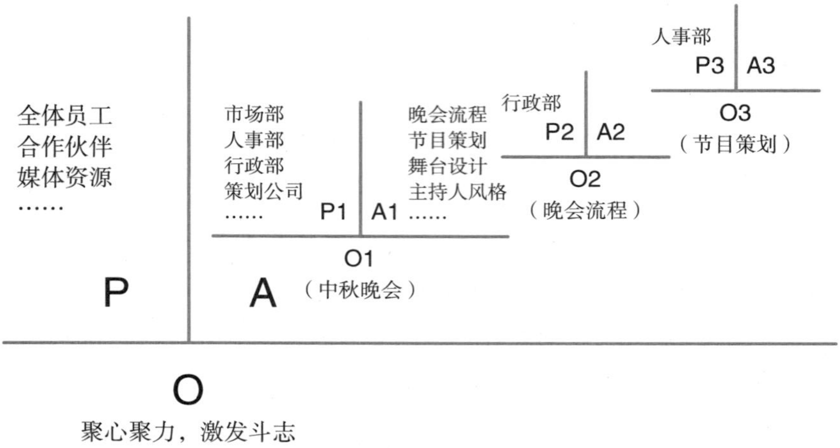

图5-5　加装版的POA盗梦空间

来动手试一试吧！下一次无论是和老板汇报工作还是向团队展示项目，抛弃复杂的PPT或者密密麻麻的Excel吧，尝试用一页纸就能搞定的POA盗梦空间。你一定能感受到这种神奇的变化，你的同事和朋友们也一样，赶紧分享给他们吧。

敲黑板，画重点

POA思维中的方法A是可以继续被拆解的，当用在复杂的事情或组织中时，第一层的A就是第二层的O1，第二层的A1就是第三层的O2，层层嵌套，层层推进，直到可以把目标O拆解到最小单元。

IT'S TRULY POA

第六章　转起来才有用

作为小循环的三支柱P、O、A，在系统里它们都有自己的位置以及使命，它们又是如何互相作用和影响的呢？转起来的系统会释放出怎样的价值呢？“静如处子，动如脱兔”，一起来看看动起来的“智慧”。

第一节 | 小循环如何运转起来?

到这里你已经了解POA的基础知识，知道它的前世今生以及三大元素——P、O、A的含义和它们的基本用途，同时也清楚POA能为你做什么，你该如何用这个思维来帮助你的生活、学习和工作，帮助你重构信息下载的框架。

从这一章开始，我们将深入POA体系，从个人慢慢延展到群体，思考一群人的POA世界是如何转动的，思考POA这一大体系，两层循环，八大模块是如何让一群人达到同频，最终共振的。

在运用POA思维的时候，我们的脑海应该会自动生成如图6–1的画面：P、O、A 3个字母把空间分成了3部分，O在最下面，P在左边，A在右边，分别占据3个空间。在学习POA的时候，这是我们首先需要了解的，希望大家能形成"肌肉反射"，在倾听或思考的时候，能把信息自动对应在不同的区块中，我们把这个过程叫作"信息下载"（如图6–1所示）。

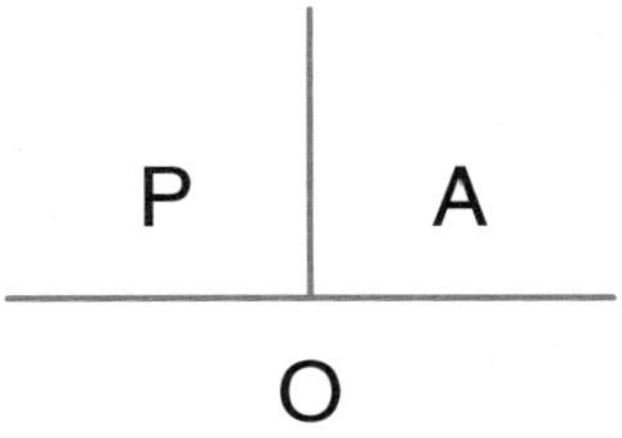

图6–1 POA信息下载图

其次，我们需要复盘的知识点是P、O、A 3个要素的循环闭环。为了方便理解，我们通过POA小循环图来说明他们彼此的关系。虽然P、O、A 3个要素分割成了3个空间，但他们彼此的逻辑联系是至关重要的，也是POA思维的核心，总结起来3句话：目标O能凝聚伙伴P，伙伴P能共创方法A，方法A能服务目标O。

在真实的商业环境下，您会惊奇地发现任何企业或者一个组织从无到有，都离不开P、O、A这3个核心要素，所以POA是一个很实用的价值观，而本书要展示给各位读者的，也是从本质出发去构建你的商业循环。

所以，你会发现小循环在商业组织里运转起来并不是理想状态，可以天然地用O吸引P，P去共创A，等等。这个循环会受到3个主要要素的干扰。这3个要素是现有组织长时间沉淀下来的“不良反应”，我们称之为“组织负债”。组织负债，是企业发展过程中，做决策的时候形成的一系列“妥协”。

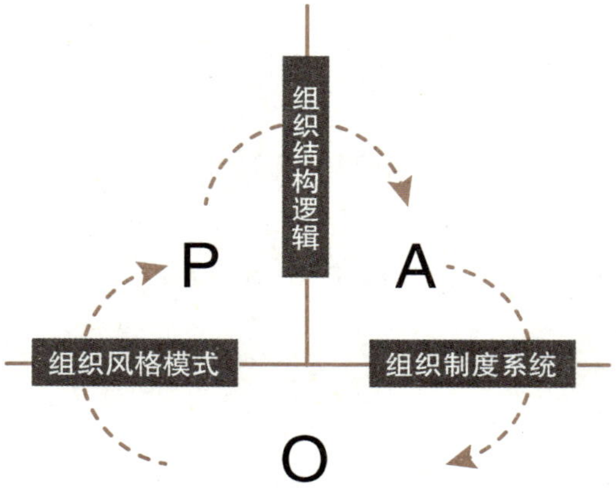

图6-2　POA的3个主要干扰要素

如图6-2所示，POA有3个主要干扰因素：组织结构逻辑、组织制度系统、组织风格模式。我们先从最右边的“组织制度系统”说起。制度是公司或组织层面对于全体成员的书面承诺。只有落在纸面上的制度才是大家公认的。

制度是否合理？制度是否为组织目标O服务？制度多久进行一次更新？制度需要组织付出什么代价来维护？违反制度得到的惩戒是什么？……其实这些都需要创始人或者管理团队经常去思考和复盘。

阿里巴巴在“组织制度系统”方面做得不错。2019年9月10日，在阿里巴巴20周年年会上，马云宣布：“今天不是马云的退休，而是一个制度传承的开始。今天不是一个人的选择，而是一个制度的成功。”

“一个制度的成功”，这句话应该是我近几年听到的最精彩的表述。很多企业家都有自己的认知，如“风口论”“一个亿小目标”“掌握核心技术”等。面对公众，阿里巴巴说自己的企业制度成功，这确实让人多了更深层次的思考。

组织在发展过程中会有大量的决策妥协，可能因为发展速度过快，可能因为管理跟不上，妥协形成组织负债，应该做到的但没有做到的东西，迟早是要还的。一个市值4500亿美元的帝国，在传承交班的关键节点上，却没有被组织负债所拖累，交接给一个非亲非故的人，如果说不是背后大家一起呵护和遵守制度，好像也很难找到其他原因了。

当交班这一天来临时，这一切已经准备了10年。交班一般有3条路，第一条是交给下一代；第二条是交给职业经理人；第三条是少有人走的路，用制度、文化和人才来保障公司发展，这一过程乏味、无趣、劳心、低调，是一个修炼苦行僧的过程，但阿里巴巴做到了。

制度的存在和实际运用又会构建公司的文化。其实，不管公司文化以何种形式呈现，员工只会关注公司是如何做的，制度是如何导向的。

其实对照POA思维小循环，阿里巴巴POA小循环做的是不错的。阿里巴巴成功制度的背后，是其组织风格模式的突破。制度是可以复制和拷贝的，但如何落实和执行这些制度，就会因为“风格模式”有巨大的差异了。阿里巴巴的组织风格模式本身没有传统企业家族式的风格，2009年创始人团队集体辞任，开始探索合伙人制，打破固有“组织架构逻辑”的尝试，为未来制度推行培育了土壤，之后又用土壤培育阿里巴巴的文化。

小循环是原力，创始人或管理者的重要工作就是保持原力并且不断加强。阿里巴巴的制度成功算是马云原力的继承和发扬。阿里巴巴一直良将如云，得益于优秀的接班人培养体系。如果你的组织或公司一直喊着缺人，你需要好好思考下原因了。

第二节 | 大智慧在于还原思考的本质

聪明是民间修行的“术”。智慧是修行的“法”，更接近“道”。我们之前分析过“手段”和“方法”的差异，手段更像“术”，方法更像“道”，POA是在思维层面，它不需要你的反应速度很快，它讲究的是练就“判断事物基准”的思维方法。

试想，如果没有尺子作为测量长度的基准，人们就只能靠目测，目测不可靠，因人而异，只有靠尺子才能对事物的长度做出正确的判断。那么，面临生活工作中的各种问题，如何做出正确的判断，有什么秘诀吗？

练就“判断事物基准”的思维方法！

POA思维中强调最多的就是“拉P”，“拉P”的核心不是事先考虑自己的利益，而是需要考虑对方的利益，进而上升到群体利益，达到多赢，实现从利己到利他的转变。

关于智慧的话题，我们点到为止。现在我们再对思维方法进行分析。

如果你是一个船长，发现前方有座冰山，你会如何思考这个问题呢？现在有2种完全不同的思维方法。

图6-3　船长发现冰山

船长A：酿成历史上泰坦尼克号悲剧的原因，就是撞上那座看上去很小的冰山，但实际上水面下还有1座巨大的冰山。巨大的冰山击穿了泰坦尼克号，导致了灾难，所以前方冰山下一定也有1座大冰山，我要小心翼翼地绕过去。

船长B：这个冰山浮在水面上，根据浮力公式：$F_{浮}=G_{排}$（浮力等于物体排开液体的重力），所以水下应该有个足够支撑浮力的体积，我必须绕开。

虽然结果是一样的，殊途同归，思维方法却完全不同。船长A是通过经验来进行判断决策，属于“快思考”的模式，通过过往成功的模式进行匹配，快速决策，是一种对于过往经验、做法和模式的依赖，我们称为“路径依赖”。船长B是利用最基本的客观定律进行一系列的推导，从而进行判断和决策的，我们称之为演绎法。演绎法讲究推理，注重数据、公式和逻辑。

人们一般更习惯用船长A的“快思考”模式，通过借助过往的经验判断和解决问题。我们以2个电话销售员为例。销售A、销售B 2个人的业绩都很突出。经过分析，我们发现他们的电话呼出量都很高，因此得出一个结论，呼出的电话量是影响业绩的一个重要指标，于是呼出电话量的多少就成为考核标准。这是我们工作中很常见的一个现象，主要是因为人们更倾向于“快思考”，基于经验思考问题。

基于经验的思考往往会让你聚焦在模式或者手段本身，从而忽略最核心的问题：这样做的目的是什么？

在POA体系中，有一个“凡事先问O”的原则，和演绎法思考很类似，它会通过不断地发问“O是什么”来进行推演。接下来，我们通过2个销售员的案例分析，探讨如何通过POA思维来处理前面提到的问题。

我们假设呼出电话量已经成为一个KPI。我们在前文分析时提到，KPI只是方法A，不是目标O，KPI最容易让人陷入把方法A错当作目标O的陷阱中。增加呼出电话量的目标O是什么？是为了完成业绩。那业绩是什么呢？是客户成功购买的结果。如何让客户成功购买呢？是传递产品价值，激发购买欲望，然后实现成交。

于是客户成功购买就变为3个环节：让客户了解产品、激发购买欲望、实现成交。

在推导分析的过程中，你会发现2种思维已经出现了变化，我们把“把呼出电话量作为一个KPI”转化成为“为什么一定要通过电话销售”这个开放式的话题了，因为“通过电话销售”也只是一个方法A而已。我们在拆解过程中已经看到借助新媒体营销、采用电商模式等方法。

POA会聚焦“凡事先问O”的原则，逐步发掘探寻事物的本质。基于经验的归纳汇总，都是对已经发生的事情进行总结，会忽略内部的创新和新生事物，创新的东西都是还未发生的，对经验总结很难产生颠覆式的想法。

POA思维的本质是一个小循环：一个好的O（目标）可以引发共鸣，吸引志同道合的P（伙伴），这些P（伙伴）一起共创更多有效且方向匹配的A（方法），所有的A（方法）再共同践行设定的O（目标）。目标凝聚伙伴，伙伴共创方法，方法服务目标，因为目标O很重要，所以“凡事先问O”，一切从本质开始探究显得极为重要。无论是所面临的问题无从下手，还是碰到困难不知问题在哪，用POA小循环转一下就豁然开朗了。

如果你打算创业，第一节课最需要学习的就是POA，你需要很明确地知道自己的O（目标），即初心到底是什么。

如果你的O（目标）是想获得金钱、名誉和地位，那这个O（目标）是利己的，除了你的家人，和其他人没有任何关系，所以按照POA小循环来看，O（目标）无法产生任何的共鸣，没有共鸣就没有氛围，无法凝聚任何的伙伴，孑然独立，只能自己挖空心思，陷入个人认知的局限中，到头来，想赚钱的O（目标）反而很难实现，充其量也就成就一个个体户或者小本生意，为了赚钱而赚钱。

获得金钱、名誉和地位如果是你的初心O（目标），你也许会暂时找来一群人，但绝对是假P（伙伴）。来的每个人都和你同样有着利己的目的，很容易分崩离析，各自为战，这就是一群“乌合之众”，最终所谓赚钱的逻辑一定是“零和博弈”，以损失他人的利益作为基础。

所以，如果从源头O（目标）开始就错了，合力就无法形成，P（伙伴）没有信任的基础，自然不会齐心协力地共创方法，这个循环是走不下去的。如果没有理解这个循环受阻的问题，那么采取的所有A（方法）都是短期的行为，无法持续。

“还原思考的路径”这个简单的道理释放出来的能力是巨大的。让我们用这个POA循环来尝试分析传销组织。

一般传销组织都会展现一个Before（之前）的画面，都是无比凄惨的消极信息，这些信息有些是杜撰的，有些是收集的，更多的是现场临时发挥的，人们被骗进去，“软禁”在一起学习，没有手机和网络，无法验证对方所说的，如果自己知道的东西少，认知又浅，马上会陷入其中；然后传销组织再展现另一个After（之后）的画面，什么世界和平、造福人类等，画面唯美宏大，使命感强烈，这一前一后的对比，基本就能让传销组织里的大多数人信服。

因为骗子们自己压根不相信自己所说的，其背后的真O（目标）就是骗钱，所以用POA这个循环分析的时候，你会发现骗子们根本不在乎谁是P（伙伴），组织里的人在他们眼里都是猎物，没有P（伙伴），更谈不上什么共创A（方法），所有的A（方法）都是骗子设计好的套路，如推销保健品、玛瑙云石、佛家器物等，都是为了骗钱这个O（目标）。如果内部出现分赃不均，骗子立马露出青面獠牙。

先人的很多智慧都彰显在POA小循环里了。比如，孟子说：“得道者多助，失道者寡助。”在遵守正义、仁义方面，会得到很多人的支持、帮助；违背道义、仁义，必然陷于孤立。也就是说，O（目标）要能产生共鸣效果，有共鸣才有真伙伴。“一个篱笆三个桩，一个好汉三个帮”“孤雁难飞，孤掌难鸣”“天时不如地利，地利不如人和”讲的都是P（伙伴）的重要性。

敲黑板，画重点

目标凝聚伙伴，伙伴共创方法，方法服务目标，这句话是POA循环的核心思想，也是让循环转起来的心法。POA小循环一旦转起来，你要做的就是减少阻力，增大动力，让清晰的O（目标）、合适的P（伙伴）、匹配的A（方法），三者相互作用，生生不息。

第三节 | 赋能群体释放大能量

一群人聚在一起的时候，往往会显得很喧嚣。一群人聚在一起，还要共同完成某个目标任务时，情况就会变得很艰难。一群人聚在一起，我曾经说过，大概可以总结为2种情况："混乱的组织"和"有组织的混乱"。同样是混乱，背后的逻辑却大相径庭。

提到混乱的组织，你脑海里下意识会浮现什么画面？是拥挤的车站，还是熙熙攘攘的街道？这些画面都很直接，也比较片面。画面都直接聚焦了"混乱"，一种无序的状态，是可视化能看到的最直接的形式，"组织"的概念却没有被强调，只是简单地定义为了"一群人"。

提到"有组织的混乱"，你会想到什么画面？这个就有些困难了，在大多数人的意识和认知中，"有组织"和"混乱"是相矛盾的，"有组织"意味着人为干预，干预的目的是更有序，为什么会成为"有组织的混乱"呢？两者背后的最根本区别在于POA思维中组织形式是由背后的目标O引发的。

我们拿平时公司里在用的组织架构图来举例，从最典型的"金字塔"形组织架构图来看（见图6-4）。

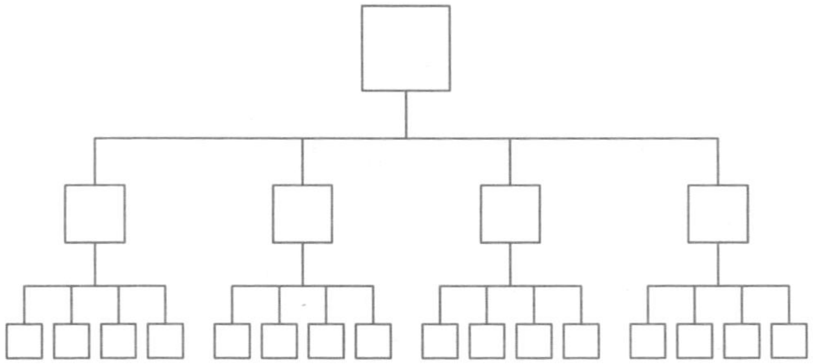

图6–4 “金字塔”形组织架构图

这种组织架构从上到下层级清晰，从左到右分工明确。从整体上看，非常有序。这种组织架构图是目前企业最常见的组织形式，很显然，是人为设计出来的，是干预的结果。这种看上去非常规整的“组织形态”往往却是“混乱”的根源。这种组织形式，会形成一种叫“深井”的现象，由于分工明确，专业方向不同，每个人都在自己部门的“深井”中，不同部门就是不同的“深井”，大家彼此沟通很少，交流很少，大家聚焦的方向各异。这造成的结果就是，部门之间开始扯皮，争夺有限的资源，每个部门只为了完成自己的目标或KPI而工作，部门之间目标矛盾或者相斥，造成大量的内耗。

这种组织是典型的“机械体”结构，要求每个环节严丝合缝，但如果领导不在，或者没有指令下达，这个“机械体”就失去了动力，所有环节都会停止，不知道该做什么，停滞继而带来严重的混乱。

我们再来看另外一种——进化的“金字塔”模式一（图6–5），比第一种要灵活，你会发现，节点彼此联系更多了，不再是一对一的模式，而是一对多的模式，看上去已经有了些许“混乱”的感觉。这样的组织模式，在某个项目或职能内部开始出现，强调目标，告诉组织成员目标是什么。至于如何达成，按照什么路径，需要自己根据实际情况来进行判断。这是属于"半机械体"的模式，具备一定的灵活性。

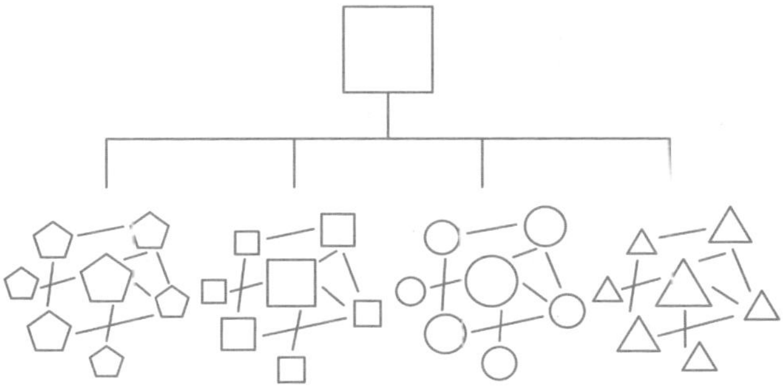

图6-5 进化的"金字塔"模式一

再来看第三个组织形式，如图6-6所示：

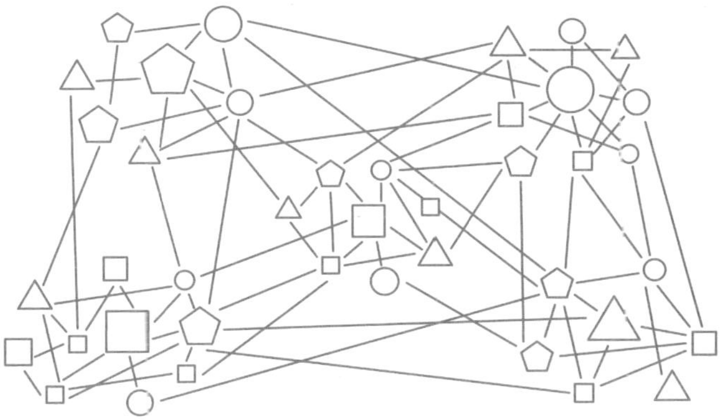

图6-6 进化的"金字塔"模式二

在这个模式中，已经看不出谁是下达指令的人了，彼此你中有我，我中有你，这个模式是"生物体"组织。这种组织的目标非常明确，是"小组织"构成的"大组织"。

这个组织形态抵抗外部环境的能力是很强的，因为是去中心化的，所以任何一个环节发生了问题，都不会影响其他机体的工作，会对外部环境的变化第一时间进行调整和适应。

美国上将斯塔利曾经专门提到基地组织——这个曾经让美军吃尽苦头的“组织形式”。他们没有所谓的流程、标准等，来无影去无踪，当美军在战术板上画出基地组织的架构图时，看到的不是金字塔，而是一个网络，一个明确的目的、手段过程因人而异的组织形态。

这个组织形态，不需要逐层进行上级汇报，不需要等待上级批复然后再行动，他们完全可以基于目标和自己此时此地所处的环境进行自主思考，采取当下最优的方法和路径。

有些大公司的CEO是参与过阿富汗或者伊拉克战争的军人，他们在部队训练出来的思考模式和商业变革非常类似，商业场上的一些打法往往就是借鉴了特种部队的打法。美国特种部队以小组作为单位，深入敌后，他们目标明确，但完全独立思考，不需要冗长的审批流程，虽然美军的通信系统已经完全可以做到让指挥官在作战室里看到现场画面，可以随时和任何一个士兵进行沟通，能听到他们说的每句话。

在传统的“金字塔”架构中，极度“中心化”的情况普遍存在，每个人或者职能都像一颗棋子，没有一颗棋子在行动的时候会自己思考，也没有一颗棋子会从自己独特的视角来看待整个棋局，并且提出行动建议，更没有一颗棋子会说自己正面临危险，上级要求的行动是不合适的。

试想一个组织里，用POA极简思考法作为思考和判断的思维方法，领导首先会用明确清晰的O（目标）来统一组织的方向和目标，一个好的使命和清晰的组织目标会让每一名员工知道自己应该做什么，能让所有人为了实现共同的使命而协同奋斗。

在日常工作中，全员以“凡事先问O”为首要原则，以O（目标）作为锚点来指导自己每个行为和决策，独立思考，主动发现问题，不再需要“上令下行”，放弃无目的的思维，无意识的态度。在“重视伙伴关系”原则指引下，合作伙伴之间互相理解，互相信赖，不断地激发出创新的A（方法）。

用鼓舞人心的目标和先进的思维方法，赋能每个个体，才能让组织结构从“无意识、机械的”慢慢地过渡到“有意识、半机械的”，在某个范畴内进行“混乱”。

“混乱”与否不在于形式，而在于目标O是否明确清晰。对于目标O要监控，对于方法A要放开松绑，还原组织的活力，百家齐放方能释放能量。

IT'S TRULY POA

第七章 “转”起来的POA，商业组织的促动飞轮

“公司”也常被称为“商业组织”，那去掉商业，“组织”是什么意思呢？“组织”这个词经常被提及，但很少被充分解释，于是“组织”往往就成了“团队”或“机构”的代名词。那么，组织和POA又有什么联系呢？

第一节 | 你真的了解“组织”吗？

2019年9月10日，在商业界有一个重磅信息——马云卸任阿里巴巴董事局主席，潇潇洒洒地离开了自己一手创建的公司。人是离开了，但却给“商业江湖”留下了宝贵的财富——强大的组织。

马云掌舵阿里巴巴20年，实现了对公司有效的管控，他的意志可以被员工很好地贯彻下去，他的战略可以被高效地执行下去。在阿里巴巴这风风雨雨的21年，你会看到不管是总监以上的干部，甚至到集团副总裁、总裁和CEO，都可以被进行调整，甚至罢免，但公司从没有出现过混乱情况，完全没有出现类似一般民营企业因为人事调整带来的“大地震”——轻则元气大伤，重则轰然倒塌。

我们必须承认，马云虽然是阿里巴巴的精神领袖，但他的影响力不具有强制性，还无法保证绝对的权威，阿里巴巴没有像一般公司那样，通过老板持有绝对比例的股份进行管理，马云持有的股份少于10%，也不具有高投票权，这结果背后就是马云强悍的“组织掌控”。我们经常听说“组织”这个词，在形容像马云、任正非这类企业家的时候，往往还会多一个称呼“组织高手”。“组织”这个看似简单平凡的概念，却往往又会在非常重要的场合下被引用来解释商业的功或过。“组织”开始成为管理学科的一个名词，还要追溯到1943年。

1943年的一个晚秋，一位34岁的年轻教授接到了一个电话，电话是邀请他前往当时的一家大型公司，对公司的政策、架构、流程等做相关研究。这是一个平常无奇的邀约电话，但电话两头的双方可能未曾想过，一个时代就从这个邀约电话慢慢开启了。

这位34岁的年轻教授就是之后被称为“现代管理学之父”的彼得·德鲁克，而这个发出邀请的企业是具有传奇色彩的美国通用汽车公司。一个年轻，一个历史厚重；一个是个体，一个是大型组织，看上去八竿子打不着的两个独立体，在1943年这个晚秋进行了对接。历史充满着未知和不确定性。这个对接不管从哪个角度来看，它都只是一次常规的业务咨询，一般也会在交付后随时间默默地沉淀下去，但这次的两位主人公显然不是一般人，他们的合作影响了太多的人和事。

彼得·德鲁克在32岁时撰写的《工业人的未来》引起了当时通用汽车公司的注意，当时通用企业副总裁唐纳森·布朗代表公司邀请了彼得·德鲁克，希望他从政治、经济学、社会学角度对通用汽车进行研究。通用汽车公司的意图也很明显，自然是希望研究成果能解释通用为什么如此成功。年轻刚正的彼得·德鲁克，经过近2年的调查和考察后，给出了自己的结论，并且在1946年把这些观点撰写成一本书《公司的概念》。

这本书实属无心插柳，但结果却绿柳成荫，它成为彼得·德鲁克第一本重要的著作。也是因为这本书，彼得·德鲁克开创了一个新的学科——管理学，管理学第一次作为一个专业领域示人；也是在这本书中，“组织”概念第一次出现。

这本书也成功地激发了彼得·德鲁克和通用汽车公司的矛盾，既有研究结论上的不认同，也有未经通用汽车公司允许擅自出书的愤怒，总之通用的灵魂人物——斯隆不干了。但是，激烈的矛盾彰显了双方真正的修养和底蕴。

彼得·德鲁克和斯隆没有互相贬低，虽然他们对管理的认知理解差异巨大。彼得·德鲁克之前没有接触过真正的企业，在通用汽车公司的这18个月是他第一次近距离了解和观察企业。两人互相认识和熟知的时候，德鲁克只有36岁，斯隆已经71岁了，是一个又瘦又小，脾气暴躁，个性刚烈，带着老式助听器，胸前挂着笨重的电池，耳朵上还挂着一个大喇嘛的“糟老头”。但这个“糟老头”却是实实在在地构建起“现代管理制度”的第一人。事业部组织结构是他的杰作；不同车型对应不同的价格体系是他的首创；“旧车换新车”二手车市场是他的发明；汽车分期金融付款是他的创新。斯隆被公认为世界上第一位真正意义上的职业经理人。

斯隆虽然非常不赞同彼得·德鲁克的研究，但还是言出必行，为彼得·德鲁克研究提供所需的一切支持和帮助，也开启了2位品德高尚的成功人士长达20年的友谊。道不同，但和为贵。

斯隆在1964年出版了自己的书《我在通用的岁月》，这是一本从斯隆角度来写通用汽车公司的书，其实是用来反驳德鲁克《公司的概念》的。《我在通用的岁月》成为经典中的经典，虽然是反驳彼得·德鲁克的，但彼得·德鲁克为这本书写了序言。2年之后，斯隆去世，成就彼得·德鲁克的人留下了传奇和经典。

彼得·德鲁克，一个开创了现代管理学理论的学者；斯隆，一个践行首创现代企业管理的经理人；一个理论，一个实践；一个学术，一个实战。在管理方面，他们是无法逾越的2个传奇。

彼得·德鲁克在书中第一次从社会学角度看待企业，把公共机构这个“组织”概念引入了研究中；斯隆为了要管理通用旗下众多的业务板块，开发了“事业部制”这个组织形态，对决策、责任、权利进行了分配和规定。

彼得·德鲁克拓展了“商业组织”的内涵，强调人的要素，强调责任和对于人的培养，认为商业公司的本质应该和公共机构是一样的，不能只专注于赚钱和压榨。斯隆作为通用汽车公司的掌舵人，不断地在商业版图上践行着自己的管理思维，并且以身作则。他认为，好的企业是要靠优秀的CEO和带头人。他也认为，企业要不断地创造利润。

“组织”这个概念比较抽象，坦率地说，对于“组织”的定义也没有一个统一的解答，这也是需要追根溯源的原因。“组织”可大可小，可以是一个家庭，一家几口人；可以是一个小公司，十几个人；也可以是一支军队，成千上万人；也可以是一个国家或民族，几亿人甚至十几亿人。

一群人聚在一起就叫“组织”吗？“组织”有人数的要求吗？

组织是一群人的POA，如团队、团伙。我们先自测一下自己对“组织”的理解，无关对错，一共有3个问题。

1.如果给“组织”这个词，选择一个同义替换词，您认为最贴切、最合适的是哪一个？（只能写一个）

2.提到“组织”这个词，您脑海里浮现出的最能代表这个词含义的画面是什么？请描述出来。

3.您觉得什么样的画面和“组织”这个词的含义是完全不匹配的，请描述出来。

在我们的实践中，“组织”这个词较大概率地会和“纪律性”“执行力”“人数众多”等关键词发生联系，如军队。你的答案是什么呢?

我们将“组织”这个角度进一步衍生，来看看“团队”和“团伙”的关系。“团队”和“团伙”两个词相同点和不同点是什么呢?

在实际讨论中，大家的反馈如下：

- “团队”是紧密合作的；“团伙”是松散的，没有纪律与规则；
- “团队”是正向的、褒义的；“团伙”是贬义的，一般指干坏事；
- “团队”是有共同目标、共同愿景的；“团伙”则没有，都是追求短期利益的；
- “团队”是有明确分工的，是长时间一起合作的；“团伙”是乌合之众；

……

你的判断是什么呢？请写下来，后续我们通过3个事例来进行验证。

第一群人：专门盗墓的。请按照之前你写的标准，判断他们是“团队”还是“团伙”。

你可能会马上给出答案，当然是“团伙”，因为他们是盗墓的，盗墓是违法行为，是不被认可的。你说得很对，那是否可以理解为他们是“团伙”的原因是做了违法的事情？在其他维度是否都符合“团队”的定义呢？如有明确的分工，有明确的激励手段，有非常专业的手段，有很强的执行力。

第二群人：日本的山口组。根据前面的经验，“团队”和“团伙”最根本的区别在于合法与认可度。很多人听到日本的山口组，第一反应就是联想到黑社会，马上认为其是“团伙”。

日本山口组虽然是社团组织，但在日本是合法的。2014年，据

《财富》杂志统计，山口组是世界规模最大、收入最多的社团组织，年收入800亿美元。山口组有自己的官网，做慈善，为社区服务。甚至在2011年福岛核泄漏事故发生之后，日本政府反应极其缓慢，山口组却在政府到达之前进入灾区，并带去了水、食物、帐篷等救援物资，并利用自己的力量合理地分配到每一个救灾避难所，捐助物资金额达到100万美元。他们的行动极其迅速，事情办完之后，又悄无声息地退出灾区。

山口组私下也做着很多不被人民认可的事情。你说它是“团队”还是“团伙”呢？

第三群人：廓尔喀雇佣兵，世界闻名的外籍雇佣兵团之一。

廓尔喀雇佣兵，最初来自尼泊尔加德满都以西的廓尔喀村，以纪律严明和英勇善战闻名于世，而且对雇主非常忠诚。在过去的近200年里，廓尔喀人已经参加了几乎所有与英国或印度有关的冲突。廓尔喀雇佣兵还参与联合国的维和行动，并由此去过越南、刚果、卢旺达和黎巴嫩。

他们平均身高只有160cm，面色黝黑，表情严肃，不苟言笑。他们就是为钱工作的一群人。你认为这群人是“团队”还是“团伙”呢？

我们也遇到过比较有意思的解读，形容自己的一群人叫“团队”，形容其他一群人叫“团伙”，虽然有调侃之意，但却也指明了2个概念中最本质的界限——认同感。对自己人有认同感。对别人无认同感。在不少企业组织中，把“团队”做成“团伙”，一盘散沙，各自为政，互相拆台，连自己人对其组织都没有认同感。

我们借用管理大师彼得·德鲁克对“组织”概念的诠释，得到一个可以把“团队”和“团伙”统一起来的公式：

组织 + 社会性 = 团队或团伙

我们把之前提到的“共同目标”“执行力”等属性都归属在“组织”这个大概念中，把之前提到的“正义”或“合法”等，归属在“社会性”中。

“社会性”是社会中大多数人认知的标准，大多数人认为正确合理的事情的最高标准就是法律的制定和规范。我们把范围缩小，从社会聚焦到商业公司层面，这时“社会性”就变成公司的文化，包括公司的主文化和次文化，这些文化指导着公司内不同人的做事风格。

如果可以通过一个思维让一群人都聚焦在共同的目标下面，凡事先通过O（目标）来统一方向，通过激活组织活力来共创A（方法），用POA更新“组织”的共同语言，通过影响行为来引导“社会性”的构建，这一定会是一个有活力的“团队”。

第二节 ┃ 组织的O（目标）

我们已经和大家分享了“团队”“团伙”“组织”三者之间的关系，借鉴管理大师彼得·德鲁克对“组织”的说明，引出了“社会性”这个概念，得到一个统一“团队”和“团伙”的公式：“组织”+“社会性=团队或团伙”。接下来，我们通过企业这个主体来进行分析。

阿里巴巴前总参谋长曾鸣曾经说过：“从最根本上说，我们是谁？我们为什么要在一起？我们在一起用什么方法去互动和工作？用比较学术的话来讲，就是架构、流程、文化、价值观。”

我们用POA的盗梦空间象限图来进行对应（如图7–1所示）。POA象限图很好地告知了使命、愿景、价值观的关系。一个“组织”需要明确的O（目标），看看这个O（目标）能否帮助或已经在帮助组织吸引了更多的伙伴，做到“得道多助”。

我们在谈“组织”的目标时，绕不开“使命”“愿景”等宏观概念，很多人都认为是在“空谈”，话题大而空，其实“空谈”不空，谋定后动而已。如果O（目标）想不通透，“实干”不实，那只是用行动解决焦虑而已。

凡事先思考O（目标）。对于一个组织来说也一样。

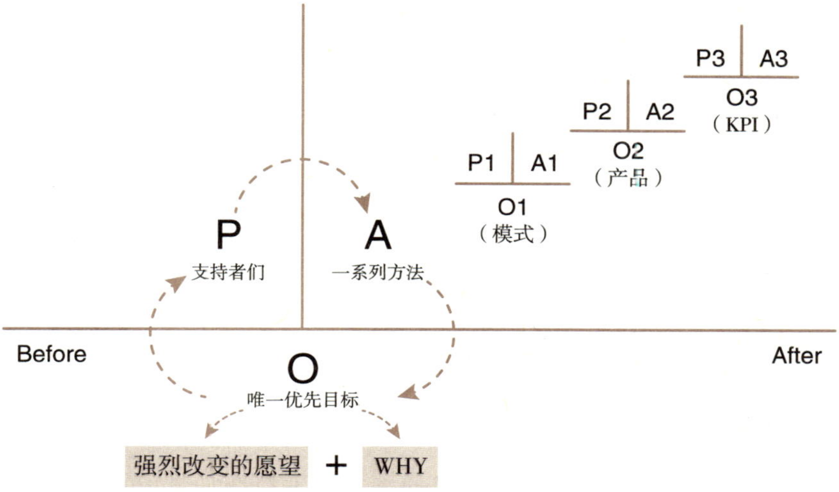

图7–1　POA盗梦空间象限图

在体育行业有个词叫MVP（Most Valuable Player，最有价值球员），能被评为MVP的都是有一定成绩的。毕竟是团队比赛项目，能赢比赛本身就是好团队，好团队中最优秀的才是MVP。一方面，MVP说明个人技艺高超，另一方面，也代表其杰出的领导能力，能带领团队走向胜利。

在商业组织中，如果说某个企业表现得非常出色，通俗地说，首先，要非常赚钱，毕竟经济基础决定上层建筑。其次，要有非常好的口碑。这样的企业，我们说它做到了MVV，是非常不错的企业。

2019年9月10日，阿里巴巴举行了20周年庆祝晚会，晚会上阿里巴巴发布了新六脉神剑[①]。阿里巴巴算是国内企业中将MVV做得非常出色的代表，把MVV和业务有机地融合起来，帮助企业突破一条

① 新六脉神剑是指以下6点：1.客户第一，员工第二，股东第三；2.因为信任，所以简单；3.唯一不变的是变化；4.今天最好的表现是明天最低的要求；5.此时此刻，非我莫属；6.认真生活，快乐工作。

条成长曲线。

那么，MVV到底是什么？

MVV代表3个英文单词：M——Mission（使命）；V——Vision（愿景）；V——Value（价值观）。对于任何类型的组织来说，使命、愿景、价值观就像3驾马车，也像是车头，要想跑得快，全靠车头带。

对于大多数员工，可能还不知道自己公司的使命、愿景和价值观，知道一二的，可能说不全，还需要到自家官网去查。他们认为，MVV是高大上的标语，或是公司装点门面的装饰，更别提理解它们之间的关系了。

让我们通过一张POA信息下载图帮助你深入了解MVV的关系和逻辑。MVV在正确的人手里绝对是致命的武器，可以打造绝妙的组织来支撑宏大的商业。

我们先分析M：Mission（使命）。

就像古希腊伟大的思想家、哲学家柏拉图提出的经典人生三问一样：我是谁？我从哪里来？我要到哪里去？

使命决定着一个公司要抵达的终点，也就是说，你要去哪里以及为什么去。同样重要的一点是，如果要成功地完成一个使命，还必须回答好一个问题，即“完成使命对每个员工意味着什么？”

组织从0到1，此时的组织如同襁褓里的婴儿，会因为饥饿而嗷嗷待哺，或因惊吓而哇哇求助。小组织很脆弱，常因为竞争而被打压，因为受到不公而心怀委屈。随着时间的推移，组织慢慢成长，经历了一些世故，受到了一些挫折，体会到了一些人情，头脑中的问题一天比一天复杂，开始怀疑友情，开始质疑爱情，开始尝试摆脱金钱的束缚，对抗权力带来的不公。这由此激发出创始人的一系列问题——我走上这条路的初心是什么？我创立这个组织的终极意义又是什么？如果能想明白这些问题，你的组织就不会迷茫。

使命的答案，其实就是在回答你的组织为什么要存在。如果你是一家商业组织，你的公司使命就是社会上要多一家你的公司的原因，以及你能为社会解决的痛点。手动画出POA信息下载图，这个问题属于O（目标）的范畴，因为O（目标）就是“原因+痛点”。

你的公司的创立可以把Before（之前）的画面转化为更好的After（之后）的画面，这中间就是你的公司使命，所以我们把Mission（使命）放在O（目标）这个维度。那Vision（愿景）呢？关于愿景，一个最直接的解释就是使命达成后的画面。Value（价值观），我们放在了P这个象限。价值观本身不是P（伙伴），但它是筛选P（伙伴）的工具。MVV的落地见图7–2。

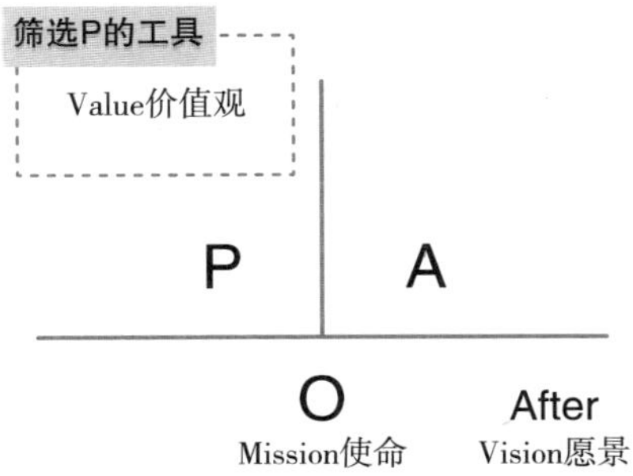

图7–2 一张图读懂MVV

还记得POA的小循环吗？

让POA小循环转起来的“心法”：目标凝聚伙伴，伙伴共创方法，方法服务目标。

在组织这个层面，我们稍微升级这个“心法”：好的公司使命让员工协同奋斗，好的价值观筛选对的人，共创行动实现使命。而这个使命达成后的画面就是愿景。

我们就拿阿里巴巴做个简单的剖析，这家靠MVV作为企业精神内核的优秀公司也是在践行这个循环。2019年9月10日，阿里巴巴发布了新的六脉神剑。我们把内容对照到信息下载象限图中，参见图7–3。

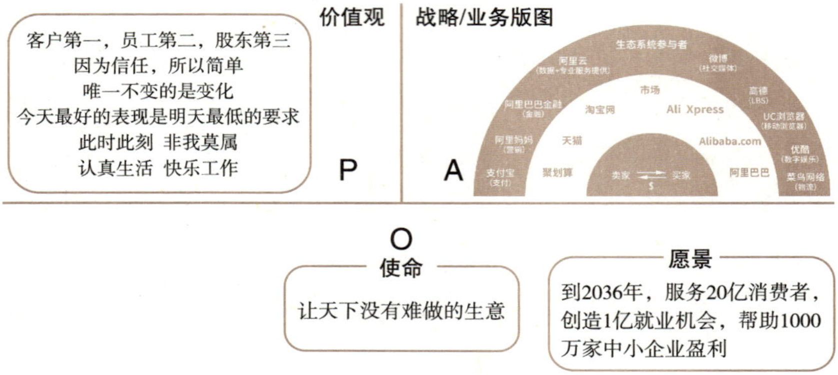

图7–3　阿里巴巴的MVV

阿里的O（目标）来自Before（之前）和After（之后）之间的差距。Before（之前）的画面是中小企业举步维艰，哪怕有好的产品，也没有销售渠道、客户和资金；After（之后）的画面是构建一套能够实现赋能的商业生态系统，扶持它们。

好的使命陈述，既能鼓舞人心，又切合实际。阿里巴巴的使命不是某个人的目标，而是整个商业社会孜孜不倦奋斗的目标，让人听起来就非常有共鸣，愿意努力实现它。所以，它像磁石一样吸引着全球的顶级人才为了实现共同的使命而协同奋斗。

O（目标）能聚集人是好事，但并不是所有的伙伴都是真伙伴，所以Value（价值观）的作用就体现出来了。

如果说“使命”是一个公司要到达的“终点”，那么，“愿景”就是向你展示到达“终点”后，用心渴望的那幅美好画卷，也是你一路前行的动力；“价值观”是帮助你识别同行者的。

第三节 组织内的P（伙伴）

本节我们聊聊重构个体与组织的关系：从雇佣到联盟。我们将通过分析华为在全球是如何重构人才和组织的关系的，进一步打开思路。真的人才是无法雇佣的，而是需要结成联盟。

2019年5月21日，任正非在深圳举行了中国媒体圆桌会议，在回答《科技日报》记者的问题时，任正非说了如下一段话，文字有些长，但很鲜明地表达了华为在5G这个高科技人才争夺领域的打法，让人耳目一新。

任正非说：“我们在全世界有26个研发能力中心，拥有在职的数学家700多人，物理学家800多人，化学家120多人。”讲到这里，人们虽然会被华为在编科学家数量所震撼，但对华为用人的认识还是停留在“雇佣”的层面上，接下来的话更精彩。

“我们还有一个战略研究院，拿着大把的钱，向全世界知名大学的知名教授‘撒胡椒面’，对这些钱我们没有投资回报的概念，而是使用美国的《拜杜法案》中的原则，也就是说，受益的是大学。这样，从我们‘喇叭口’延伸出去的科学家就更多了。”

我们先解释一下《拜杜法案》，有兴趣的读者可以自行查询，进一步学习。《拜杜法案》的全称是“联邦资助所完成发明的专利权”，在《拜杜法案》制定之前，由联邦政府资助的科研项目产生的专利，都是归政府所有的，谁是金主归谁所有，复杂的审批流程让政府拥有的专利很难转移到私人部门进行商业化。很多人认为，政府把这些专利“束之高阁”了，没有进行很有效的使用和配置。这就形成一种两难的死循环：政府有专利，但没有动力和能力进行商业化；私人公司虽然有动力和能力去商业化，但没有专利。《拜杜法案》就是解决这个问题的。

华为正是用这个原则来突破自己组织的“喇叭口”，拉到更多的人才伙伴，但并不雇佣，是典型的使用而不拥有，因此理论上这个现有组织的体外补充可以无限大。

华为世界领先的5G技术就是在这个机制下产生的。任正非说：“今天5G标准这么厉害，华为是怎么想到的呢？5G标准是源于10多年前土耳其Arikan教授的一篇数学论文，Arikan教授发表论文2个月后，被我们发现，我们就开始以这个论文为中心研究各项专利，一步步把研究解体，总共投入上千人。十几年的时间，我们把Arikan教授的数学论文变成标准和技术，我们的5G专利数占到世界总数的27%，排名第一。Arikan教授不是华为的在编员工，但我们拿钱支持他的实验室，他可以去招更多的博士生。华为给更多的博士生提供帮助。论文的一切权益都归教授自己拥有，不归属华为，华为要使用，需要商业交易，这就是《拜杜法案》，让华为穿透‘喇叭口’衍生更多的科学家。”

华为通过《拜杜法案》调整游戏规则，让企业和人才的优势能进行合理配置，构建出来的成果为大家所共享。华为的这个战略研究院充当“人才猎头”的角色，他们在全世界各地搜罗科学家，通过资助形成“联盟”，在“联盟”中教授会开放自己的资源，不管是专业资源，还是更多的博士生人才资源，源源不断，当无数的P（伙伴）开始基于O（目标）开放自己的资源时，它形成的威力远远高于中心化组织自己的发展。

雇佣是常规的方法，它没有错，但缺少弹性，企业从零开始进行的招聘是远远无法满足现在大环境的节奏的。现在是VUCA时代，不确定增加，线性思维会让组织承担较大的压力。

当模式出现偏差的时候，埋头苦干只会南辕北辙，组织的每次付出和努力只会让自己离目标更远。

第四节 | 战略背后的支撑

当一个组织明确了O（目标）后，就需要考虑用什么样的行动才能实现达成共识的使命。你也可以将这些考虑理解为公司的战略，在POA体系中，战略归属于A（方法）。

在考虑战略落地的时候，我们还需要透过“战略”这个高大上的词汇去仔细探究背后的核心支撑因子“组织技能”。

在我们的小循环中（见图7–4），组织技能应该为组织战略服务，或者说，战略达成需要依靠组织技能。在我们之前的盗梦空间象限中，组织技能就成为A（方法）了，为战略这个O（目标）服务。

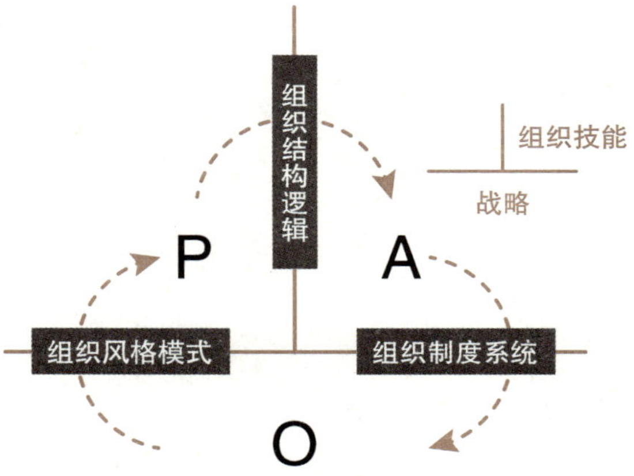

图7–4 “促动飞轮”组织模型（部分）

什么是组织技能呢？它和个人技能有什么关系呢？我们先从一个故事说起。

日本有5座国家中心机场，其中1座机场是东京羽田国际机场。这座机场建于1931年，至今有89年的历史，也是日本最早的一所国营民航机场。东京羽田国际机场之所以有名，全因为它虽然有89岁的高龄，却是世界上公认的最人性化和最干净的机场，最人性化得益于机场的各种便利的设计，把日本细致入微的人文关怀体现得淋漓极致，而最干净得益于什么呢？得益于我们要聊的主人公——新津春子。新津春子在日本有一定的知名度，而且她被日本封为“国宝级匠人”。新津春子靠着一门我们都做过、都会的技能——打扫卫生摘取了“国宝级匠人”的殊荣。她是这个76万平方米机场的守护者。

在她的精心打理下，东京羽田国际机场89岁的高龄一点也看不出岁月的痕迹，整齐的登机大厅明亮得令人耳目一新，洗手间更是干净到令人惊叹。再来看看吸烟室，烟灰缸明亮到可以反光。不论是高级休息区还是普通候车室，看起来都是整洁又清爽。哪怕花坛里有一朵凋谢的花也会被及时清理走。因为太过干净，淘气的宝宝能直接躺在地板上休息。

东京羽田国际机场干净到这种程度，难怪会连续4年被评为“世界上最干净的机场”，而这一切都出于新津春子之手。

新津春子靠着看似平凡无奇的技能在日本被大家广为认可，更传奇的是，新津春子其实是半个中国人。新津春子出生在中国沈阳，她的父亲是“二战”遗孤，是个日本人，母亲是中国人，17岁的时候举家迁往日本生活，从高中开始就做了唯一肯雇佣她的保洁工作，这一干就是21年。如今，新津春子在东京羽田国际机场带领着700名清洁工队伍打造出世界上最干净的机场，着实让人佩服。

“最会打扫的人”应该是对新津春子最好的形容，一个“最”字就彻底地拉开了业余和专业的水平对比。新津春子是专业的保洁工，我们作为平常人，顶多就是打扫打扫。新津春子对于保洁的专业、细致和周到，已经到了其他人望尘莫及的地步，对她的评价是：“她的工作已经远远地超越了保洁工的范畴，而是在干技术活。”这可能就是熟练工和工程师的差距吧。

新津春子这个核心的技能背后是她常年的积累和练习。她可以对80多种清洁剂的使用方法倒背如流，能仅靠肉眼和经验快速分析污渍产生的原因及其组成成分，选择合理的清洁方案进行应对。

这背后是超乎常人的强大的知识储备。有一次，新津春子受邀去帮助一户家庭解决浴室地砖沟缝里的灰色霉迹，之前一直搞不干净。新津春子看过后，决定用水和醋按照3∶1的比例勾兑，放进喷雾瓶中，喷湿地面浸泡10分钟，再配合硬刷和浴室洗剂刷洗，最后清洗成功，地砖和沟缝恢复了原色。

日本NHK电台曾经给新津春子拍了纪录片，展现了新津春子清洁方案超乎想象的技术含量。在她处理不锈钢饮水台的时候，需要用强酸去除水台上黏着的漂白粉，但如果强酸停留时间过长，会导致腐蚀，反而使不锈钢失去光泽。新津春子居然可以掌握最佳时间，在强酸溶解漂白粉的瞬间擦拭掉强酸洗液，让饮水台恢复以往的光泽。

新津春子就像宝藏，在她的保洁领域越挖越精彩。新津春子能把看得见的设施表面处理得锃亮，看不见的范围也是新津春子的专长，包括除菌、除臭、烘干等。越小的细节，新津春子做得越专业和认真。

新津春子也很较真，哪怕1cm的缝隙里也不能有灰尘，所有小孩可能碰到的地方，绝不会使用刺激性清洗液。她眼中的污渍就像宝贝，是可以被自己征服的战利品。

新津春子被称为“匠人”的核心原因是什么呢？绝对的专业+绝对的敬业——一个是技能，另一个是态度，技能确保“能干”，态度确保“想干”，缺一不可。

保洁已经成为新津春子的核心技能。目前，她带领着700人的保洁团队，这一群人能持续稳定地做好保洁工作，形成我们所说的“组织技能”。

组织技能和个人技能是有区别的。例如，新津春子一个人可以做得很好，是个人技能，她能带领700人都做得和她一样好，这就是组织技能了。对于一个企业或组织来说，组织技能是真正意义上的核心竞争力，是沉淀在组织内部的“魂”。

餐饮行业的著名企业海底捞，做火锅可以做到1800多亿港币的市值。海底捞的“组织技能”是什么呢？用我们的定义来看下：一群人能持续稳定地做对一件事情。海底捞可以持续做对什么事情呢？服务。海底捞每一个服务人员从个体上来看，不管是学历、谈吐、相貌等都是平常无奇的，但就是这么一群人聚在一起却能提供无与伦比的服务，这就是组织技能。

微软CEO纳德拉在制定新的战略“云优先，移动优先”后，他就开始发展对应的新组织技能：云技术，需要一群人专注在云技术上，持续稳定地满足客户的要求，成为沉淀在组织内部的核心能力。

很多企业或组织是缺少“组织技能”的，更多的是依靠过去的信息不对称获得红利，一旦打开信息通道，很容易被赶超，甚至是被淘汰。如果缺少“组织技能”这个强有力的支撑，即使公司的领导以公开、清晰和一致的方法告诉员工怎么做才能完成公司的使命，也是无法实现公司目标的。

第五节 | 组织飞轮的三重障碍

一、组织风格模式：因为相信，才有管理

相信您已明白POA三要素的象限划分，清楚了三要素的逻辑关系。我们说，O（目标）要能产生足够的共鸣，共鸣后的O（目标）能凝聚P（伙伴），这个逻辑是清晰的，但这个模型在真实的商业或组织环境中，好像还缺少一点东西，总感觉走得太顺利了，如果目标能这么轻松地完成，估计真实的商业或组织就不会出现这样或者那样的问题了，一定还有一些干扰或者阻碍因素在其中，我们需要把它挖掘出来。

之前我们介绍过，P（伙伴）是动态的，真P（伙伴）有可能会变成假P（伙伴），假P（伙伴）也有可能变成真P（伙伴），真P（伙伴）有可能离开这个群体，假P（伙伴）也会加入这个群体中，如果O（目标）能聚合伙伴P（伙伴），那真P（伙伴）为何会离开，假P（伙伴）又为何会进入呢？

在POA小循环中，从O（目标）到P（伙伴）是需要穿过横坐标的左半部分的，这左半部分像一堵墙，如果能穿透，可以源源不断地聚合P（伙伴），而且聚合的是真P（伙伴），但如果穿不透，那可能会出现P（伙伴）频繁的变化。

这堵墙是什么呢？这第一个障碍是什么呢？它就是组织风格模式。组织风格模式的概念暂且不展开，我们先看个故事。

图7-5　POA循环的第一个障碍：组织风格模式

有一位长着西方面孔，却带着地道京腔的演员Mike隋（中文名为隋凯），曾在电影《流浪地球》里饰演自称“中澳”合资的混血儿Tim。他的父亲是地道的北京人，母亲是美国人。作为混血儿，他确实是一个语言天才，不仅会中文、英文，而且还会日语、法语以及西班牙语。

在《流浪地球》上映之前，Mike隋已经在网络上因为他出众的语言能力而出名。他录制了一系列视频来模仿不同国家的人是如何说英文的，只要他一开口，你就会马上辨别出他模仿的是中国人、日本人、韩国人、印度人、英国人、美国人还是澳大利亚人、新西兰人。不少朋友可能没去过这些国家，那他们是怎么通过Mike隋的表达快速识别出来的呢？

一个人的发音语调、用词习惯、音准、配合的肢体语言等都是文化习惯的展示，这些习惯是长期浸泡在一个文化环境中形成的，它是不自觉、无意识的，只有不在这个文化圈子里的“外人”才能感觉到，文化圈子内的人是感觉不到的。看Mike隋的模仿视频，大家除了爆笑，还有佩服，佩服Mike隋的语言天赋，更佩服他对不同文化习惯的精准捕捉。

其实，在现实生活中，当你一开口，这些文化习惯就会告诉大家，你是否为“自己人”；别人一开口，你也会马上明白，这个人是否属于某个组织。

另外，在电影《智取威虎山》中，张涵予扮演的杨子荣和土匪之间有一段经典对话。我将其对话摘录了一部分，具体如下。

土匪：蘑菇，你哪路？什么价？（意思是什么人？到哪里去？）

杨子荣：哈！想啥来啥，想吃奶来了妈妈，想娘家的人，孩子他舅舅来了。（意思是找同行。）拜见三爷！

土匪：天王盖地虎！（意思是你好大的胆！敢来气你的祖宗？）

杨子荣：宝塔镇河妖！（意思是要是那样，叫我从山上摔死，掉河里淹死。）

土匪：野鸡闷头钻，哪能上天王山！（意思是你不是正牌的。）

杨子荣：地上有的是米，喂呀，有根底！（意思是我是正牌的，老牌的。）

土匪：拜见过阿妈啦？（意思是你从小拜谁为师？）

杨子荣：他房上没瓦，非否非，否非否！（意思是不到正堂不能说。）

土匪：嘛哈嘛哈？（意思是以前独干吗？）

杨子荣：正晌午说话，谁还没有家？（意思是许大马棒山上。）

土匪：好叭嗒！（意思是内行，是老手。）

杨子荣：天下大奎拉！（意思是不吹牛，闯过大队头。）

座山雕：脸红什么？

杨子荣：精神焕发！

座山雕：怎么又黄了？

杨子荣：防冷，涂的蜡！

座山雕：晒嗒晒嗒。（意思是谁指点你来的？）

杨子荣：一座玲珑塔，面向青寨背靠沙！（意思是是个道人。）

这就是典型的“黑话”，是在一群人之间广泛流传，但外人不知道的内容，是文化习惯的最直接表达。杨子荣要想打入座山雕的组织，靠的不是枪法、军事素质等技能，而是先给自己贴上文化习惯的标签。一定程度上说，文化习惯也是进入组织的天然门槛。

开口是最直接的线索，当我们回归到一个真实的组织中时，除了开口，还有其他更多的线索，回想下你自己的家庭、工作环境和朋友圈，仿佛都有一些看不见的氛围，让你感觉到熟悉，或者感觉到不适。

阿里巴巴作为中国互联网行业的龙头企业，也是以打造强有力的文化支撑业务发展著称的。在面试的流程中，有一个特殊的面试官——“闻味官”。这个角色既不是从专业角度进行考核，也不是从人力资源角度进行评估，而是作为阿里巴巴的一个前辈和你沟通，去判断你是不是自己人，去挖掘你身上的文化习惯。文化习惯是会形成不同的做事和决策方法的，我们称其为风格模式。

组织作为一个整体，和个人一样，也有被文化熏陶而成的风格模式。阿里巴巴的“闻味官”都是阿里的老员工，被阿里巴巴这个组织打造出自己的风格模式，已经融入了一切细节中。“闻味”的过程中，其实也是一个匹配的过程。

POA小循环：目标凝聚伙伴，伙伴共创方法，方法服务目标。

POA小循环有大理想，在真实的组织环境中，这个小循环就必须先突破组织风格模式这个首要障碍。

看看你周围的同事，他们是被组织的O（目标）吸引或凝聚过来的吗？

回忆下你自己加入公司或组织的经历，你是被公司或组织远大的使命吸引的吗？

答案是否定的，因为你的同事是被招聘进来的，你也是被招聘进来的，对于公司的目标，面试的时候你只能从有限的公司信息或者面试官处感知，只等到正式加入公司之后才有机会开始学习企业文化和使命。所以，企业中经常发生试用期还没结束，应聘者就火速离职的现象。因为他们实在受不了和自己认知有冲突的组织风格模式。为什么会出现这个矛盾呢？

POA思维的小循环是一个内核的原力，一个企业或组织能否走得长远，就看这个原力是否被坚持、被秉承而不发生变形或走样。在一个企业或组织中，95%的人都是通过招聘加入的，这意味着大多数的人无法知晓这个企业从0到1的过程中发生的故事，不会知道创始人为何要建立这家公司，不会知道创始团队经历过怎么样的九死一生，不会知道这个公司之前遇过的坑。应聘者所能掌握的，只是加入公司这个时刻所感受到的，而这些所感受到的东西可能已经不再是公司的原力了，或者说已经被之前加入的同事“稀释”了。

在公司起步阶段，人员有限，往往一人多岗，这时所有新人的招聘都是CEO或创始人自己完成的，所以他们可以亲自面试每个人。对照下POA小循环，当创始人自己面试的时候，公司的O（目标）和组织风格模式都在创始人自己身上，合二为一，创始人的风格模式往往决定了他选择创业的方向，也就是组织风格模式会与公司的O（目标）匹配得非常完美。

没有任何的干扰或稀释，这个时候公司的组织风格模式就等于创始人的风格模式，公司的目标就是创始人的目标，两者融合。

当组织规模越来越大的时候，管理的问题就出现了，创始人不能再像初创阶段那样一一面试了，于是他需要找人力资源负责人，需要找各模块的负责人，开始寻找自己权力的代理人，把这个权力让渡出去，让别人代为落实执行。

于是问题就在这个环节出现了。不光是面试，其他的工作也会进行分权，不同类型的人开始涌入组织之中，这时组织的O（目标）就开始分化了，不再明确了，各职能有自己的理解，各层级有自己的解读，所有这些分歧和不统一，通过不同的行为展现出来。

当你加入公司的时候，你看到的面试官的行为，听到的语言，感受到的公司的氛围都已经是被“稀释”过的，不再是最初的原汁原味了，这时候，作为未来潜在的P（伙伴），你也只能感受到二手文化，自然感觉不到公司的初心是什么。

有一个经典的实验可以进一步帮助我们理解。这次实验的主角是猴子，实验的道具主要就是一个机关和无限量供应的香蕉。研究人员在机关上设定了一个规则：任何一只猴子去拿香蕉，触碰了机关，然后所有猴子都会被喷出的热水惩罚。

一开始，研究人员放入5只猴子A、B、C、D、E，猴子进入笼子后，有的猴子立即去碰香蕉。本性难移。结果很明显，触动机关，所有猴子都被水烫了。一开始猴子们还不明白，几次下来后，它们搞清楚规则之后，谁碰香蕉，谁就会被暴揍一顿。于是，这个笼子里的组织风格模式已经形成了——没有猴子碰香蕉，没有猴子被水烫。

这时研究人员把其中的猴子A拿出来，换成新猴子小a，新人初来乍到，不懂规矩，上来就想去碰香蕉。但是还没等它碰到，就被其他猴子暴揍一顿，小a的心理阴影可想而知。这之后，小a明白了一个事实：香蕉不能动。但为什么不能动，小a却不知道，它压根不知道被水烫这件事。科学家依次换掉了B、C、D、E，并且都用新猴子代替，结果一样，但凡想碰香蕉的，等待它的都是暴揍，虽然所有猴子都不知道为什么不能碰香蕉。

此时，笼子里的猴群形成了固有的组织风格模式，指导它们不会去碰香蕉，因为碰香蕉是禁忌。

对照这个实验，再想想你和你的同事，是否都是后面才加入组织中的"新猴子"呢？

在真实的公司或组织中，类似的事例屡见不鲜。你会发现有的企业，人越招越多，但事情越来越没人干，最后只有裁员了结。

组织风格模式这个阻力障碍是企业或者组织发展过程中最核心的要素。它有如下特点：很重要但容易被忽略掉；结果剧烈但过程平和；问题暴露明显但成因隐形；爆发突然但积累长期化；表象多样但本质单一，具有极强的惯性。如果要对它宣战，会打破组织现有的舒适圈和平衡，造成混乱，吓退管理者或决策人；不对它宣战，它会慢慢地侵蚀组织活力，直到寿终正寝。

蓝色巨人IBM前CEO郭仕纳成功拯救了IBM，把它从崩溃的坑中拉了回来，他曾经谈到自己关于IBM一些看法，其中几个观点很精辟。

第一，企业文化本是为业务服务的，但在IBM，文化自己本身却变成一个游戏。文化变成的游戏是乏味可怕的，它忽略了多样性，成为加强固化的罪魁祸首。哪怕所有人都认可文化，也绝不可能或者绝不应该都展现出同样的行为方法，不可能也完全没有必要要求员工按照标准工作、思考。

第二，文化本身需要进化。市场环境、人才生长环境、商业文明环境和科技水平都在变化，这些变化都需要隐射在文化的诠释中。郭仕纳说过：尊重客户就是应该提供好服务，而不是简单地统一服装；精益求精是在确保满足客户要求的前提下，而不是闭门造车，自娱自乐；高品质的客户服务是应该关注行业变化，提供客户所需要的产品，而不是等客户使用了我们的产品再进行服务。这是典型的关注O（目标），而不关注教条A（方法）的思维。

郭仕纳表示，IBM就像一个温室，一个与外部隔绝了很长时间的、封闭的热带生态系统。因此，这里会孵化出许多相当奇异的、世界上其他地方找不到的生命形式。IBM过于沉湎于自己的规章制度，失去昔日的强大，变得很脆弱，任何来自外部的进攻都有可能伤害到它。

不管企业大或小，只要你保持着进化和发展，组织风格模式一定会来阻碍你。

以浙江一家生产家用型儿童书桌椅的制造企业为例，这家企业拥有核心专利，因此业务发展很不错。这家企业属于传统的生产制造型企业，销售也是以传统的线下经销商或卖场门店销售为主。

传统制造型企业的“组织风格模式”是比较明显的：踏实、务实、厌恶风险、成本意识强、知识更新慢等。在互联网的大潮下，这家企业为了顺应发展，决定开辟电商领域，构建线上推广和营销。

在线下转线上的过程中，这家企业就遇到了严重的组织风格模式障碍，虽然企业的O（目标）很好，但无法跨过第一个障碍，也就无法聚合真正的P（伙伴）。

如果无法突破严重的组织风格模式，那么在拉P（伙伴）的过程中，符合企业新目标O的人才根本不愿意加入这家企业，因为沟通困难。第一步迈不开，后续的就基本不用考虑了。

在真实的商业环境下，突破组织风格模式是让POA循环转起来，所面临的第一个挑战，也是实操中最大的难点。变革总是很难，如果不借助外部力量，企业内部基本是无法感知到这个阻碍的。

假设一切顺利，第一个障碍——组织风格模式被击破了，新的氛围重新构建，构建的新氛围，也就是组织目标O被真实还原，合适的伙伴P也被新的组织风格模式所吸引，并且深信这个新的组织风格模式是服务于组织新的O（目标）的。那么如图7–5所示，横轴左半轴的这个障碍——“组织风格模式”将被突破，小循环会到达P这个象限。

二、组织结构逻辑：积木要怎么搭才足够稳健

POA小循环好不容易突破第一个障碍——组织风格模式到达了P，还是需要继续推进的。在推进过程中，又遇到第二个障碍，也就是纵轴的上半轴。这个障碍在真实的公司或组织中是什么呢？你可以拿刚才做儿童桌椅的企业思考下，假设这个企业突破了组织风格模式，找到一个互联网行业的P（伙伴），别人也非常认同企业新的目标，你觉得后续什么事情比较重要？我们挑选出人才之后，要做定岗、定位、定级工作，把合适的P（伙伴）放在合适的位子上。我们就把第二个障碍叫作“组织结构逻辑”，见图7–6。

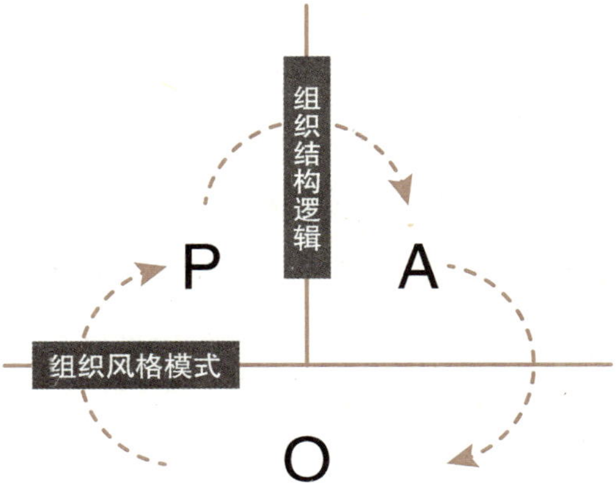

图7–6 POA循环的第二个障碍：组织结构逻辑

《晏子春秋·内篇杂下》里说：“橘生淮南则为橘，生于淮北则为枳，叶徒相似，其实味不同。”

同样是橘子，因为淮南、淮北环境不同，所以最后口味也不同，差异很大。对于组织来说，组织结构逻辑就是公司或组织内的“坑”，也叫“岗位”，岗位设定的逻辑本质是内部资源分配的原则。你找到好的人，却没有分配到适当的位子，意味着P（伙伴）是无法调动资源的，那么这一切都是空谈了。

现实中很多企业都是这样的，只给一个虚的头衔，但其实并没有设计对应的组织结构逻辑，在虚名下真P（伙伴）如何做事呢？巧妇难为无米之炊。

当第二个障碍——组织结构逻辑无法突破时，就会出现关键人员离职的情况。真P（伙伴）少了，新组织风格模式就难以推进了。这在实际的组织中就是一次转型或创新的失败，这个失败带来的真正影响是进一步加深现有固化的组织风格模式，形成“创新走不通”的认知，未来企业再突破的难度就会更大，会让POA小循环逆向转动。

截至目前，我们介绍了2个主要障碍：组织风格模式和组织结构逻辑。在实操中，能从2个障碍中走出来的企业或者组织非常少。

如果我们突破第一个障碍组织风格模式，就能腾出空间，找到不同于目前团队的P（伙伴），共创新的组织O（目标）。企业要设定合理的组织结构逻辑来确保P（伙伴）在合适的位子上，能有匹配的资源和决策进行调动，能自由发挥能力。

按照POA小循环，我们接下来会进入A（方法）的象限。此时，我们还有最后一个障碍，如果突破了，小循环就健康运转；如果没有突破，小循环开始按逆向倒退，不仅伙伴流失，还会造成组织对于突破的不自信，反而会加强现在的组织风格模式，出现一群事后诸葛亮式的“预言家”。

更新公司文化，改变现有的组织风格模式，重新梳理组织结构逻辑，让资源更好地流向支撑组织未来发展的方向中去……这一切都需要制度的保障。

三、组织制度系统：落实机制的保障

孟子说：“不以规矩，不能成方圆。”意思是说，如果不凭借规和矩，是画不成方圆的。“规”是圆规的意思，“矩”是指曲尺的意思。圆规和曲尺是工具，它可以帮助我们画出直线、方形和圆形，本质上说，“规”和“矩”是一种限制，是一种规范，它不仅可以让你画出标准的直线、方形或圆形，更可以让所有人画出同样规范的图案。所以，“规”和“矩”现在就成为一个词语——“规矩”，一般是指规范、要求、规则等。

“规矩”是一种限制，那为什么还要“规矩”呢？答案很简单，通过“规矩”个人，达到整体的有序自由，再反过来促进个人的有序自由。“规矩”就像圆规和曲尺，就这么一个工具，不管谁来用，画出的一定是统一标准的图形，这个统一就代表着高效和节约。

我们知道交通“规矩”：红灯停，绿灯行，你不按这个规矩来，非要另起炉灶，必然引发混乱；我们知道斑马线前面车让人，你不按这个规矩来，肯定会有人受伤；我们知道商业规则，通过规则确立诚信，减少沟通和交易成本，你不按这个来，肯定成为“失信”人员，没人会愿意和你合作。

没有“规矩”的群体是可怕的，每个人将会按照最有利于自己的方向去努力，整体会陷入失控。美国在1968年有一个“臭名昭著”的暗黑实验，叫作老鼠乌托邦。“乌托邦”（Utopia）这个词最早是古希腊哲学家柏拉图提出的，本义是“没有的地方”或者是“好地方”，可以衍生为理想的，不太可能存在的好事情，后来“乌托邦”的意思演变为“空想的理想国家”。对于这个实验来说，主角是老鼠，它们是不可能有什么国家概念的，这里“老鼠乌托邦”指的就是没有任何限制，尽情享受，即没有所谓的“规矩”。

这个实验是由动物学家、生态学约翰·卡尔宏（John B.Calhoun）设计和主导的。他把4对老鼠放在了可以容纳3000只老鼠的大型容器中，这个空间基本“家家是别墅，外带游泳池”，并且无限量、无节制地提供水、食物，没有任何外部不利条件，去掉了天敌和极端气候，构造了一个老鼠的“鼠间天堂”，老鼠在其中不用担心刮风下雨，不用担心饿肚子，也不用担心飞来横祸，不用担心被天敌咬死或药死。老鼠们每天吃吃喝喝，陶冶情操，和隔壁老鼠们唠唠嗑，和看得上眼的鼠哥哥或鼠妹妹一起缠缠绵绵，生一窝小老鼠，这简直就是老鼠的美丽新世界。到目前为止，你看到的都是“乌托邦”

的环境，没有限制、没有规矩。

老鼠们养尊处优，吃饱喝足休息好。“饱暖思淫欲”，老鼠们开始拼命地繁殖，每55天数量就会增加一倍。老鼠繁殖力极强，数量急速增加，到了第315天，老鼠已经超过了620只，曾经是亚当和夏娃的伊甸园开始有些拥挤了，但问题不大，毕竟目前才620只，而这个空间可以容纳3000只。但这一时间也是鼠群的拐点，乌托邦出现裂痕。

鼠群在第600天的时候，达到了数量顶峰2200只，这是最后一次出生存活的老鼠后，达到的数量顶峰，在第600天之后，鼠群不再有老鼠出生，因为鼠群的结构和行为已经发生了巨大的变异。考虑到这个实验的“暗黑”属性，这里不再进行详细说明，反正就是出现了类似互相攻击、吃同类、混乱交配、性别模糊、攻击性增强等现象，结果几个月过后，实验以老鼠们全部死亡告终。

从老鼠的乌托邦回到我们人类自己的群体，在企业或组织中，规矩就是一系列的制度，不同制度互相作用联动，就构成了“制度系统”，如果这个制度系统没有随着群体的变化而变化，没有起到适当的干预作用，也会给企业或组织带来极大的不确定性和危害。事实上，企业或组织却经常忽略这个问题。

这个老鼠乌托邦在没有任何规则的情况下彻底崩溃。这个实验带来了极大的震撼，没有制度的组织是危险的，我们不去讨论人性的善恶，但合理的制度体系是可以激发个体性格中天使的一面，威慑恶魔的一面，当面对的是一群人的时候，制度的作用更是重要。

制度的力量是巨大的，制度是对外公开的承诺，不管你怎么说，制度是可以确保你最终将会如何做的。

“二战”期间，美国空军降落伞出厂的合格率一直保持在99.9%，单纯从概率上，这个质量合格率已经非常不错了，但尽管如此，按这个合格率计算，每1000个士兵仍会有1个因为降落伞质量问题而丧命，从绝对值的角度看，还是不能接受的。为此，军方责令厂家必须将合格率提升到100%才行。军方要求合理，厂家却为难，这也能理解。但这个矛盾僵局如何破呢？答案就是改制度，改规则。军方调整了质量检查制度，每次交货前从降落伞中随机挑出几个，让生产方的负责人亲自实战跳伞，结果降落伞合格率达到了军方的要求。

这前后的唯一变化，就是制度改变了，让能对结果产生影响的人变成制度的一部分，参与进来。大家应该可以深切地感受到，参与是可以提高积极性的，不管是出于获得奖励还是保命的目的。

再来感受一个和利益分配相关的事例。有7个人住在一起，每天用餐的时候都会遇到一个难题——如何分粥，而偏偏粥又很有限，不够分。一开始，7个人抓阄，谁抓到谁来分，大家轮流来。结果就是，每周每个人都是只有在自己分粥的这天是可以吃饱的，其他天都是饿着的，每个人在现有规则下按照最有利于自己的方法做事，结果就是大家都不好过。再后来，大家推选出一个自称道德高尚的人来分粥，绝对的权力带来一定的腐败，大家互相讨好，互相拆台，7个人弄得山头林立，乌烟瘴气。再后来，又搞了一个所谓的分粥委员会，流程冗长、决策缓慢，等好不容易吃到粥，都是凉的。

最终，经过几次尝试，他们想出了一个新制度，还是轮流分粥，但分粥的人要等其他人都挑完后最后一个拿。分粥的人为了让自己最后不吃亏，必须确保全面的公平。

制度可以激发动力，也可以诱发“兽性”，关键看如何设计，这是集大智慧的过程。还记得我们之前聊过的POA小循环的最后一个障碍组织制度系统吗？

看完上面2个案例，你会明白制度的力量，但制度也是双刃剑，如果制度没有设计好，其反作用也是巨大的，尤其是当公司存在很多和组织目标已经不匹配的制度的时候，制度带来的危害是更加严重的。

很多企业往往是因为没有做好组织制度系统，才走向失败。有些企业要加大内部的创新，美其名曰顺应风口，但现有的组织制度系统完全是问责制，没有丝毫的弹性去包容创新可能带来的失败。员工观察到，一个“棒打出头鸟”的制度体系是如何鼓励大家去创新的。谁创新谁是“棒槌”。当这些企业或者组织开始加大力度，设定一系列为创新而创新的制度时，为了迎合制度树立标杆，大家开始学会了“编故事”“写剧本”，于是有了KPI，创新成为工作的一部分。一旦企业把A（方法）变成O（目标），那它离倒闭就不远了。

回想下你自己所在的企业或组织，是否有太多制度和组织的目标相悖。一个研发组织却强调打卡，一个销售组织却强调平和，一个需要在市场上短兵相接的组织却要求西装革履……

没有人可以站在道德的制高点上指手画脚，也没有人可以对其他人进行道德绑架，一切遵循制度即可。

再次引用马云在庆祝阿里巴巴成立20周年年会上说的话：“今天不是马云的退休，而是一个制度传承的开始；今天不是一个人的选择，而是一个制度的成功。”

愿更多的企业或组织能得益于制度，而不是受制于制度。

第六节 “组织”的画像——组织促动飞轮

“如果你爱他，就把他送到纽约，因为那里是天堂。如果你恨他，就把他送到纽约，因为那里是地狱。”这句经典的台词来自曾经大火的连续剧《北京人在纽约》。

20世纪80年代的美国，对大多数中国人来讲是一个遥远陌生的国度。有人说那是地狱，有人说那是天堂，而《北京人在纽约》正好给当时的人们提供了一个“窥探”的窗口。

对于主人公来说，美国是一个完全陌生的环境，有满大街的汽车和高耸入云的摩天大楼，还有各式各样穿着打扮时髦的外国人。但这一切都不属于他们，从肯尼迪机场出来之后，他们的目标就是生存。为了生存，电视剧男主角进餐馆打工，女主角去工厂干活，但是当面临环境这个大势时，他们放弃了同甘共苦的初心，走上了一条充满竞争、心酸、冷漠的道路，选择了完全不一样的生活。男主角有了钱，女主角改嫁组成了新家庭，但都没有找到幸福和安宁。后来，男主角破产，一贫如洗，女主角被赶出家门，流浪街头，他们的女儿也要离家出走。

这是一个令人深思的故事，尤其是在故事结尾，自由女神像依旧高耸，一批批新的追梦者踏上这个陌生的土地，却不知道等待他们的将是什么。

《北京人在纽约》的男主人公有自己的理想目标O，于是他们选择了来美国这个A来追寻目标。但当他真正踏上美国国土的时候，他发现自己没有能在异国他乡生存的“技能”。美国这个全新的环境给男主人公和他的家人带来了完全不一样的压力，最终导致一家三口走上不同的生存道路。

家庭是最小的社会单元，3个人的家庭尚且在环境中支离破碎，更何况一个由众多人组成的商业机构或组织，员工彼此之间没有亲情、没有血缘，凝聚在一起谈何容易。

“组织”这个概念抽象而宏大，每个人都有不同的理解，究竟什么是“组织”，谁能说得清？我们尝试着用一个可视化的图形向大家展现出“组织是什么”。

促动飞轮组织模型描述了企业作为一个有机的系统，要在外部环境中生存发展，所必须具备的系统性功能，而这些功能是由组织内部八大要素构成的。

其中，每一个要素除了要具备特定的功能外，还要与其他系统相互关联、相互作用，实现系统的整体功能。

这一切还是先回归到作为内核的POA小循环中，我们把真实组织的要素都完整地匹配上去，形成一个“飞轮”，称之为“促动飞轮”，它是“组织”这个概念的画像。

POA小循环简约但不简单。POA小循环的心法口诀是：目标O凝聚伙伴P，伙伴P共创方法A，方法A服务目标O。它传达了质朴的道理——人心齐，泰山移。这个小循环也是组织的基石和根本。

《北京人在纽约》也让我们意识到环境对一个家庭的影响。在真实的组织中，环境也会影响其发展。环境会给组织带来压力和调整。所以，组织的健康非常重要，如果健康，就能很好地应对压力和调整。

组织也得有自己的目标，需要知道自己要去哪里。组织的目标其实就是企业的使命、愿景。在POA语言体系中，O（目标）是要有Before（之前）和After（之后）的画面对比的，愿景就是After（之后）的画面。在组织中，使命是存在的意义和价值，愿景是使命达成后的画面。

组织和人一样，有自己的性格、做事的习惯和方法。我们经常说“不是一路人，不进一家门”，这就是指“组织风格模式”。风格不一样的人，聚在一起，很难成为真P（伙伴），组织成员就会出现“道不同，不相为谋”的情况，组织内耗也就出现了。

促动飞轮为我们展示了一个可视化的企业模型，其中包含了影响组织进化的所有变量。你从促动飞轮中看到的是360度的组织动态图，以及利用它实现组织持续进化的方法。以后一提到“组织”，我们脑海里就应该浮现出这张图，一个包括了三大因子、九大维度的促动飞轮模型。

在组织促动飞轮的最外圈是环境这个维度。环境是一个动力强劲的发动机，不管是自然环境、人文环境，还是经济环境，只要它出现了压力和变动，组织促动飞轮内圈的各种要素都必然会发生变化，会在磨合中达到均衡。当然，这个环境是对飞轮综合的考验，能靠得住的一般都是各要素经过长期磨合，基础非常好，能快速适应变化，并做出自我调整的组织。就像日本，因为地震多发，所以各类要素、环节、流程、应急、教育等都磨合得非常完备和顺畅，在应对同样的地震环境时，国家能顺利地扛过去。

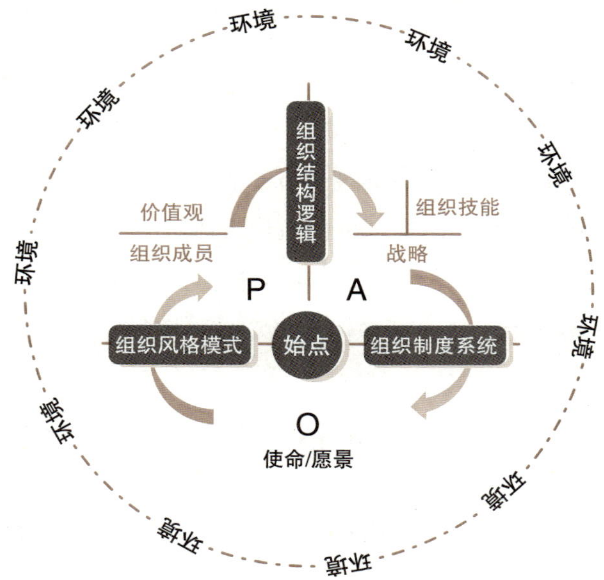

图7-7　POA大循环：促动飞轮组织模型

环境是外部压力，逼着飞轮其他要素发生变化，组织如果能挺过去就更上一层楼，挺不过去就分崩离析，重新开始轮回。个人和组织都是有强大的惯性的，所以需要被逼，如果日本不是地震频发，也很难形成目前优秀的应对措施。

从这个角度来说，我们要感谢环境给予飞轮进化的动力，我们因此称它为“动力因子”。不少企业也真切地认识到，如果没有环境的压力，组织就会进入温水煮青蛙的状态，所以企业会人为地改变环境，促进动力的产生。

既然谈到环境是外部动力因子，就要同步提到内部动力因子——使命和愿景。“我为什么要存在”和“我要去哪里”这2个问题的答案，是一个组织成立的初心。这个初心是内在的动力。如果组织是受“环境”这个压力所驱动的，多少有些被动的感觉，而使命和愿景却是主动的能力来源。如果一个组织是靠使命和愿景驱动的，那么在面对挫折和困难的时候就不会退缩，不会妥协，更不会放弃；在面对选择和决策的时候，它不会迷失，更不会彷徨，它知道自己到底想要什么，到底要做什么，自己又能做什么。

组织促动飞轮3个动力因子（环境、使命和愿景）全部到齐，马力全开，为续航提供能量。

组织促动飞轮还有1个横轴X轴和1个纵轴Y轴，在前面我们也介绍过，3个核心的障碍是阻止小循环正向运转的“三座大山”。“三座大山”分别是组织风格模式、组织结构逻辑和组织制度系统。“三座大山”都很顽固，都不好对付。

其中，组织风格模式是一个组织要进行转变时的第一个障碍，因为组织风格模式是一群人共同的行为和思考模式，彼此同质化很严重，所以彼此也压根感觉不到有任何问题存在。真正和这群人不一样的人都被会视为异类，估计也都走得差不多了，这样又反过来加深了固有的风格模式，于是这一群人基本处于认知的最低层次：不知道自己不知道。

第二个障碍是组织结构逻辑。一个组织如果逻辑出现了混乱，那么资源分配的依据就会不清楚，进而因人设岗、人岗错配、缺少发展通道等问题就出现了，这导致好的P（伙伴）找不到、留不住、用不了，最后飞轮只能回滚，进一步加固原有的组织风格模式。

第三个障碍是组织制度系统。它很容易被忽略，是一个隐性障碍，很少被人提及，常常被忘却，有它没感觉，没有它短期也感觉不到异样。你可以不厌其烦地向他人讲述你对使命和行动的要求，但如果没有一套合适的组织制度系统，你的要求就无法落到实处，就像森林里的一棵树倒了，却无人听到。

对于这3个障碍，打败它们就海阔天空，被它们打败就损失惨重，一旦留下失败的阴影，整个组织上至老板下到员工，人心惶惶，很难再次发起挑战了。

动力因子三大维度：环境、使命和愿景。

阻碍因子三大维度：组织风格模式、组织结构逻辑、组织制度系统。

支撑因子三大维度：组织成员、组织战略、组织技能。

人总是要有的，没有人怎么做事？有人了，更要有有技术的人，然后再决定要做什么，去争取未来和明天。

战略是实现组织目标的手段，战略背后的核心是组织技能。我们前文说过，组织技能是一群人持续稳定地做对一件事，组织技能构建战略，战略再支撑组织目标的实现。

到目前为止，我们就介绍完组织促动飞轮的概念了。

三大因子，九大维度，我们称之为"三九胃泰"：人吃多了不消化，胃动力不足，要用胃药来舒缓；组织的负债多了，问题多了，也需要一味良药来进行疏导和诊断。

动力因子	阻碍因子	支撑因子
环境 使命 愿景	风格模式 结构逻辑 制度系统	组织战略 组织成员 组织技能

图7–8　组织促动飞轮的三大因子和九大维度

组织可大可小。你知道最小的组织单元是什么吗？是一个人。你需要明白自己想要什么（明确O），明白自己能做什么才能在社会上立足（明确技能），明白自己的性格、脾气（明确自己的风格模式），更要清楚自己未来要走向何方（明确战略打法），你需要自我约束和自律（确立制度管理），对于自己一生的管理就是“飞轮”前进的轨迹。大到一个商业组织，小到一个人组织促动飞轮都在按照内在的逻辑进行转动，不急不躁，静静地等待着未来未知的风险、压力和突变。

记住华为海思总裁的一句话：“今天是历史的选择，所有曾经打造的备胎，一夜之间全部转正。”如此高瞻远瞩的战略，如此默默无闻的风格模式，一群富有责任的技术伙伴一起撑起中国科技的天空，这个飞轮转得很有含金量。

IT'S TRULY POA

第八章　促动飞轮重塑商业组织

大环境的不确定性加剧，左手“灰犀牛”，右手“黑天鹅”，组织负债集中挤兑效应凸显。

促动飞轮的使命就是回溯商业本质，围绕着P、O、A 3个核心要素还原思考路径，构建商业循环。

我们用敏锐的洞察力和颠覆的价值主张，帮你提炼最神秘、最隐形的组织负债，从组织进化的生物态视角唤醒沉睡的“组织账”。

第一节 ｜ 商业世界是脆弱的，黑天鹅无处不在

“世界这么大，我想去看看”，短短10个字的辞职理由于2015年4月14日开始在网络上广泛传播，当时被网友评为“史上最具情怀的辞职信，没有之一”。哪怕是以现在的视角去看，也依然觉得它如清流一般。这10个字的辞职信让无数平凡人暂时从眼前的所思所想中抽离，不禁抬头幻想那陌生远方。它激起了众多平凡人内心对世界的好奇和探索的欲望，但想想如此瘦小的钱包，哪都去不了，也只能加个横批“好好上班去”。

齐秦也曾对世界有过描述。他的经典老歌《外面的世界》中的朴实、直抵人心的歌词被莫文蔚唱得如痴如醉，“外面的世界很精彩，外面的世界很无奈”仿佛是对“世界这么大，我想去看看”的回应。

世界是大的，大到我们融入其中却又觉得距离遥远；世界是大的，大到有太多的未知让我们觉得精彩；世界是大的，大到随机成为常态，让我们备感无奈。

“世界是平的，迫使我们要跑得更快才能占有一席之地。”托马斯·弗里德曼在其著作《世界是平的：一部二十一世纪简史》（*The World Is Flat：A Brief History of the Twenty-first Century*）中说到。全

球化的发展抹平了世界，出现了更多新类型的工作机会，合作、协调、集成、解释、杠杆操作等成为新的能力。

世界被铲平了，铲子也铲向每个个体的内在，铲掉内心的樊篱和围墙，要更加开放和包容；世界被铲平了，曾经的“弱小”有了发展和壮大的机会，快速参与全球化，学习新技能和工具，把事业做得更快、更深；世界被铲平了，“巨无霸”们要学会“做小”，让伙伴壮大，共同成长；世界被铲平了，未来创造最大价值的，绝非单一组织所能完成，世界将变得错综复杂。

托马斯·弗里德曼在书中提到的“9·11”恐怖袭击，揭示了另一个隐形的特点——世界更是脆弱的。

英国古典经济学家亚当·斯密被人所熟知的不仅是其巨作《国富论》，还有其提出的一个隐喻“看不见的手（Invisible Hand）”。这“看不见的手”无情、无声、隐蔽、难预测、突如其来，像高悬的达摩克利斯之剑，会在长时间平静之后突然降临，给这个世界“大大的愕然”，结果就是达摩克利斯之剑“嘎嘣”一声落下了。

2001年9月11日，时任美国总统小布什正在佛罗里达州萨拉索塔一所小学活动交流，当白宫幕僚长卡德第一时间把飞机撞向双子塔的消息告知小布什时，小布什眼神中充满震惊、恐惧和茫然。当电视新闻里播放着飞机径直地撞上美国纽约世贸中心双子塔的画面时，当看到双子塔整体倒塌的瞬间时，当看到曾经的标杆建筑在瞬间灰飞烟灭时，当看到无数的无辜人员被伤及时……这一幕幕场景仿佛在用最不可思议的方法集中展现着世界的“脆弱”。号称最安全、最强大的国家，竟然在其本土最重要的城市被如此“蹂躏”。美国在全球构建的包括美国中央情报局、美国联邦调查局等在内的情报系统在这一刻显得如此脆弱和苍白。

美国作家纳西姆·尼古拉斯·塔勒布在其著作《黑天鹅》中详细叙述了此类不可预期事件的强大的影响力。他认为，“黑天鹅”事件应该具备3个特征：一是不可预知性；二是带来的影响巨大深远；三是事后人们总能找出理由解释，以显示事情并非如此随机发生。在塔勒布看来，美国“9·11”事件就是一只巨大的“黑天鹅”，“黑天鹅”无处不在，几乎是世界上任何事情的基础。

十几年过去了，“9·11”事件虽然离我们很远，但塔勒布的观点却被逐步证实——“黑天鹅”无处不在，并且就在我们的身边。

“黑天鹅”事件层出不穷，如英国脱欧。互联网经济模式下，众多现象颠覆我们的认知：谁会想到让偷自行车行为彻底消失的不是公安部门，而是共享单车；谁会想到取缔黑车的，不是交通管理部门，而是滴滴；谁会想到直接影响广播收听率的，不是电台彼此的竞争，而是司机安装的打车软件；谁会想到维基百科基于“知识盈余”的共创打败了财大气粗的微软百科；更有甚者，一系列天文数字般亏损的企业，市值却能超越财富排行榜曾经的榜首。

塔勒布所言极是。“黑天鹅”无处不在，“黑天鹅”频发会成为常态。每一次“黑天鹅”的到来，世界都证明了其“脆弱”的一面。“黑天鹅”实实在在地影响每一个人的生活与工作。

一万个人心中有一万个哈姆雷特，也有一万个对世界的解读和感知。正如笛卡尔在《谈谈方法》中提到：“我想，所以我是。”也许“我思故我在”是一种对世界现状的解释，但是我们也要抬起头看看天空，去寻找那只不知道在哪，但你注定会见到的“黑天鹅”。

第二节 | 你的组织可能带病已久，病症频发

有个词叫“亚健康”，是现代都市人常见的一种状态，从生理到心理都有不同的病症表现。在躯体方面，“亚健康”的人会出现疲乏无力、头昏脑涨、睡眠紊乱、食欲不振等状态；在心理方面会出现焦躁不安、记忆力下降、注意力不集中、精力不足、反应迟钝等问题；在社会交往方面，会出现不能正常地处理好人际关系等问题。

“亚健康”同样适用于组织，动手诊断一下吧！

- 你所在的组织里，会议是不是越来越多？
- 要解决一个问题，是不是需要让更多的人参与到会议中去？
- 需要领导审批的事情是不是越来越多，领导不审批，事情往往无法推进下去？
- 组织内跨部门平时没有太多的交流，你身边的伙伴在忙什么，你知道吗？
- 对于工作的理解，是不是仅限于完成KPI？
- 发现组织中人越来越多，但是不是有的人很忙，有的人却很闲？

…………

坦率地说，每家公司都存在这些问题，但差异在于公司是否能及时意识到问题的存在，并且进行及时的干预。

组织带病作业本质上是由组织负债造成的。组织负债是由一系列的决策妥协或行为妥协引发的。一个组织从0开始起步，每走一步都会出现各类决策，这些决策在当时是很难做到“最优”的，能达到“次优”就很不错了，久而久之，不完美就会叠加，最终形成沉重的组织负债。如果一个企业或组织能很清晰地意识到组织负债的存在，它们会采取主动的介入进行干预，负债无法消除，但可以进行管理和控制，在最终危机爆发出来之前进行规避，像华为、阿里巴巴这类组织力极强的企业，都做了很多堪称最佳实践的干预行为。

阿里巴巴对人才进行盘点，区别出野狗、小白兔、老黄牛、明星等员工类型，逐一进行干预管理。华为更是定期进行人才梳理，哪怕需要支付一定的补偿款，也要对组织进行减负和调整。

公司在初创期，组织规模较小，CEO还能顾及和管理到每个环节，这时“组织负债”是较小的。随着组织发展壮大，客户、投资人等更多角色对公司会有新的要求，公司决策开始出现妥协，找平衡便成了主旋律。尤其当组织内部开始出现了各层级的分管负责人时，CEO会下放权力，这时组织负债会进一步加大，因为各级负责人不太可能完整地还原创始人的风格和习惯。如果此时组织的文化还没有建立起来，在招聘吸纳新人的过程中，又会出现决策妥协。在组织高速发展的过程中，关注能力和能为企业带来稀缺的资源会成为第一考虑要素，妥协就形成了。这就是“文化稀释”效应。

组织负债是很隐形的要素，看不到，甚至感知不到，但不代表它不存在。在实际操盘企业实战中，“组织负债”这个概念至关重要。先来看一个有趣的故事：

魏王问扁鹊：你们家3个兄弟，谁的医术最好呢？扁鹊说：大哥最好，二哥稍微差些，我最差。

魏王很是不解，问道：“如果是这样，为什么他们的名气没有你的大呢？”

扁鹊说：“大哥能在病情发作之前就解决问题，防患于未然，大家却不理解，以为大哥只会保健不会治病。二哥在病情刚发作的时候能消除病因，这时病人的病情表现得还不严重，大家以为二哥只会治小病。我自己最差，只能在病人的病情到很严重的时候才发现病因，这时治好后，大家就以为我医术很高明，所以我名气最大。”

魏王听后恍然大悟。

可惜，太多人关注能解决眼前问题的人，却常常忽略能提前告知可能会出现问题根源的人。大刀阔斧般的改革总是能比润物细无声般的改革带来更大的影响力。如果你是创始人或管理者，会更看重哪个呢？你的选择和导向会进一步塑造组织风格模式，如果选择不当，也许在未来又会形成一个新的组织负债。

案例：给部门取一个POA式的名字

面向C端（Customer，个体消费者）提供服务或产品的企业一般都有客服服务部门，如果企业体量足够大，还会成立独立的部门——呼叫中心，像银行、通信运营商、快递物流等大型企业，都会有自己的呼叫中心，来为客户进行答疑。我们案例中的企业也是一样，组织内有一个几百个人的呼叫中心。很显然，这个部门的名称就叫呼叫中心。

在企业还没有接触POA的时候，大家对叫呼叫中心部门的称谓并没有感觉到不妥当。在接触POA之后，开始用POA思维来重新思考组织的时候，他们发现，目前对部门的命名都是基于A（方法），呼叫中心只是这个部门的工作内容，呼叫中心本身只是一个手段而已。在深入讨论的过程中，企业发现一个问题，在用A（方法）来命名呼叫中心的时候，所有这个部门的工作流程和考核都是基于这个A（方法）的，所有KPI的设定都是基于呼叫中心本身的，如接通率、首次来电解决率、平均每通电话通话时长等。你发现问题了吗？这些KPI都在形成空转，都只是在为呼叫中心这个A（方法）服务。

我们让企业思考一个问题，组织内的呼叫中心本身只是一个A（方法），组织不可能为了成立呼叫中心而成立呼叫中心，那呼叫中心这个A（方法）是为什么O（目标）服务的呢？经过比较激烈的讨论，大家达成了一致，呼叫中心的O（目标）是让客户满意，而且是真正的满意。不少电商企业的客服会采用一些小手段让客户改变之前的负面评价，如送折扣券、送小礼品等，虽然客户改变了评分结果，但这只是一种妥协，并未让客户内心真正感到了满意。

明白了这点，企业开始改名，从之前基于A的命名方法改为基于O（目标）的命名方法，把“呼叫中心”改为了“用户满意中心”，既对内，也对外。

部门负责人说：“人们突然知道了自己为什么要在这个部门工作，这既能帮助我们的企业取得成功，又能帮助客户，他们对此激动不已。他们看到了自己的价值，好创意层出不穷，你简直不敢想象这是真的。”

不光如此，内部流程也随之改动，相应的制度也已经配套。“用户满意中心”不再是之前只能接受抱怨和投诉的部门，其角色发生了质的变化。现在“用户满意中心”的伙伴已经成为其他部门的改善顾问和监督者，所有来自一线用户的声音都会被分类和汇总，并会追溯产生问题的根本原因：是因为生产环节，还是因为物流环节？哪个环节的问题就由哪个环节的负责人进行后续的调研和整改，再通过用户满意中心持续的数据反馈来进行佐证。

一个改名，改的是思考路径和模式；一个改名，印证的是最核心的价值观。“用户满意”对应“呼叫中心”，一个是基于O（目标），另一个是基于A（方法），起步格局就相差了很多。呼叫中心的定位和用户没有直接关系，只能被动地承接，当其他职能模块没做好体现在了服务或产品上时，呼叫中心来托底、补救而已，谈何“用户满意”？而“用户满意中心”就成了主动的出击者，帮助用户对其不满意的地方进行组织内部的筛查，然后倒逼其他职能部门做好自己没做好的事情，一切都是为用户满意服务。这个O（目标）就很清晰了。

审视你的组织部门，它是基于A（方法）来命名，还是基于O（目标）来命名呢？

第三节 | 商业组织应该有两个账，你可能少了一个

一、组织账

商业组织或企业里，应该有两个账：一个是财务账，另一个是组织账。可惜，绝大部分企业只关注财务账。

有句话说："你不理财，财不理你。"从财务角度来看，就是关注在哪里，结果就在哪里的意思。我将这句话里的"财"换为"材"，即"你不理'材'，'材'不理你。"也就是说，你不打理自己的组织，到头来组织负债就会找上门来。

财务负债问题可以通过钱来解决，组织负债问题却不能通过钱来解决。组织负债不仅可能使企业失去商机，还可能使企业失去持续发展的原动力。

我们在前面已介绍过组织促动飞轮模型。对于组织账来说，也需要定期对照模型框架进行核算，看看自己的组织目标是否发生偏移，自己的组织风格是否被稀释，目前的组织成员是否都合适，有潜力的组织成员是否给了足够的奖励或应有的职位。

目前，组织采用的战略策略需要调整吗？背后的组织技能能跟得上吗？能和战略匹配上吗？公司的制度、流程需要更新吗？外部市场的变化能给组织带来效率和弹性吗？……

这些思考就是我们说的“组织账”，它虽然隐形却意义深远。算好财务账，可以让公司财务利润最大化；算好组织账，可以让公司在更长时间内实现利益最大化。财务账和组织账相比，前者更像是会计账，一分就是一分，一厘就是一厘；后者更像是经济账，收益在未来是会爆发的。

二、组织负债

既然是“账”就一定会有盈亏，财务有财务负债，组织也有组织负债。组织负债是由一系列决策妥协造成的，我们将通过2个案例来看看什么是决策妥协以及如何用POA思考法来应对它。

案例一：裙带关系员工做事尚可但不遵守企业制度，人力资源怎么办?

李某是一家百人左右规模的公司的人力资源负责人，公司有两三个员工是老板直接介绍入职的，这几名员工工作也还不错，在各自的岗位上都能胜任，但就是行为有些散漫自由，总是不能严格遵守公司制度，如忘记打卡、宿舍卫生最差等，虽然不是原则性的大错误，但是其他员工都在认真遵守，因此影响很不好。这种情况下，李某应该如何处理呢?

这个案例很典型，因为关系户是造成组织负债的典型原因，关系户背后的资源或人脉是企业需要的，所以会对其个人能力或文化匹配进行妥协。

处理这个案例面对的核心问题就是如何做决策。员工绩效表现还不错，但行为懒散自由，并且还有个强大的限制约束条件——老板直接介绍入职，所以这个决策变得棘手。决策的本质是做减法，该怎么减就是学问了。

我们用POA思维来分析这个案例，先对这个案例做信息下载，参见图8–1。

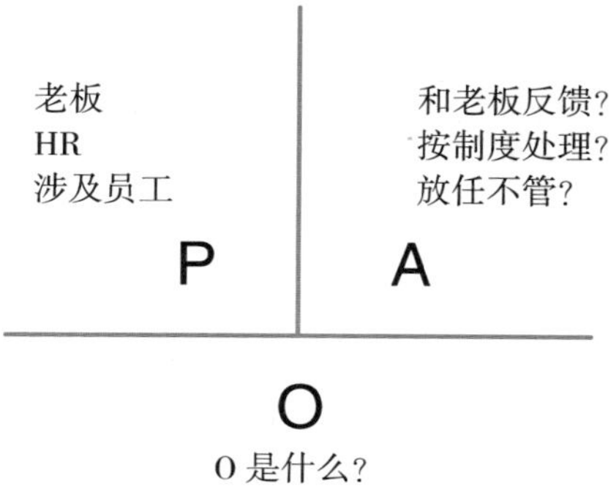

图8–1 POA破组织负债案例一

通过拆解，你会发现之前决策纠结犹豫不定的都是在考虑A（方法），即到底用什么方法呢？该怎么办呢？该如何选择这些方法呢？

我们说POA思维的关键在于回归思考的本质，我们需要知道O（目标）是什么。

所以，我们先明确O（目标），再通过这个“O”（目标）去评估其能否凝聚更多的伙伴/支持者，再看这些伙伴能否共创出更好的方法，而这些方法是否又能服务于最终的目标。

O（目标）是什么？这里需要明确到底是案例中人力资源负责人李某的O（目标），还是老板的O（目标）。这一步直接关系到后面该找哪些P（伙伴）。

- 是为了规范公司制度吗？
- 是解决老板关系户的就业问题吗？
- 是因为自己看不惯他们，所以要处理吗？

- 是帮助他们提高自身素质吗？

不同的O（目标）产生的后续影响也会截然不同。

可以通过和当事人的闲谈了解其和老板的关系，也可以通过和老板的闲谈了解这些人的来历，以及和老板关系的深浅远近。当然，这些都是A（方法），POA象限图是可以嵌套的，一个新的循环可以是上一个循环的A（方法）。

如图8-2，我们可以把O1定义为“了解人员的全盘信息”，则A1就是找当事人闲谈、找老板沟通、找同事了解，对应的P1就是当事人、老板、同事。

当我们把POA循环O1→P1→A1走完后，其实就是解决了上一个循环的A，层层递进后，我们就会逐步靠近最终的目标。

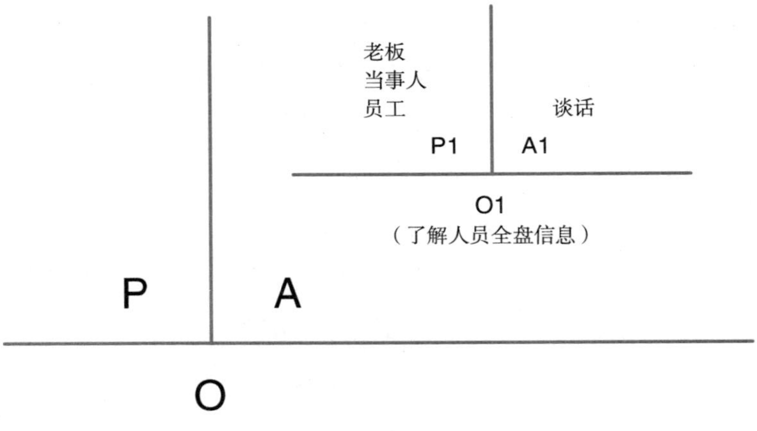

图8-2　POA象限图嵌套

假设经过这一系列循环之后，你发现这个O（目标）是老板需要帮助解决就业问题，这些人是公司客户推荐来的。当明确这个O（目标）后，你会怎么考虑A（方法）呢？

我们可以起草一个“推荐员工管理手册”，对公司的岗位进行分类，按照岗位重要程度和技能水平高低分成4个象限，这样明确哪些岗位是可以采用推荐员工的，哪些岗位是需要经过内部培养的，明确界限后提交老板，让他心里也有个底：哪些是可以招的，哪些是最好不要碰的。

POA是个思维范式，它可以帮助您做决策。凡事先想O（目标），一定错不了！

案例二：员工不服绩效评估结果并提出申诉，你怎么办？

王某在公司进行绩效管理的过程中，为员工提供了绩效申诉的通道，如果员工对考核有异议可向人力资源部提出申诉。近期，有员工对其工作满意度指标的评分结果提出异议，此项指标总分为10分，当月被上级经理扣掉5分。在接到申诉之后，王某便和员工、员工领导进行了面谈并记录，由于工作满意度指标主观性较强，所以双方各执一词。同时在面谈中发现该上级经理确实存在管理和沟通方面的问题，且此次扣分事件很有可能是沟通不顺畅造成的结果。后续，高层领导研究后，支持了上级经理的评分结果，驳回了员工的申诉，员工非常不满。

这是造成组织负债的另一种原因。公司在做正确的决策和支持主管这两件事之间进行了“妥协”——支持主管的评分结果。

回到案例中，我们逐层分析，问题来了：

1.设定工作满意度指标是A（方法）还是O（目标）？

2.上级给员工指标扣分是A（方法）还是O（目标）？

3.案例中绩效管理是A（方法）还是O（目标）？

4.高层领导研究是A（方法）还是O（目标）？

5.支持上级驳回员工申诉是A（方法）还是O（目标）？

你会发现这5个问题是层层递进的。

按照POA极简思考法你马上就会发现，工作满意度指标的设定只是一个A（方法），那设定这个指标的O（目标）到底是什么？参见图8–3，O（目标）是为了让上级打分？还是为了改善工作？还是为了帮助员工查漏补缺进而提高自身？

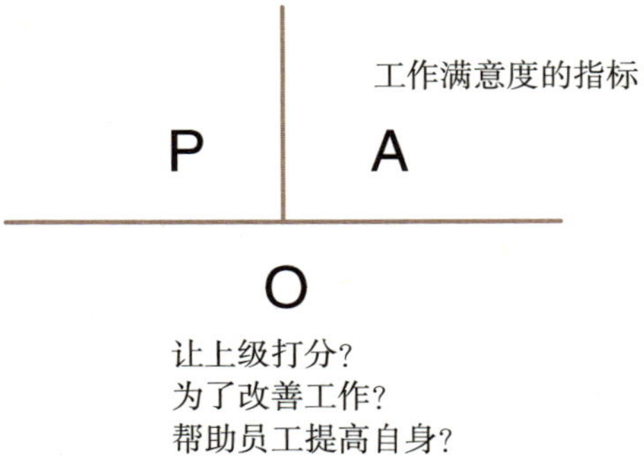

图8–3　POA破组织负债案例二

如果O（目标）是为了改善工作，帮助员工提高自身，那么要切实贴合工作满意度这个指标，需要进行一定范围内的360度评估才能真正了解全貌。

我们分析完第一个问题后，再对照看下第二个至第五个问题，你会很明显地发现，上级扣分、绩效管理、高层研究、驳回员工申述都是A（方法），而不是O（目标），所以案例的问题就非常明显了，大家都在讨论A（方法），把A（方法）当成了O（目标），而忽略真正的O（目标）是什么。

一个明确的O（目标）可以凝聚更多的伙伴，更多的伙伴可以共创出更多更有效的方法，更有效的方法可以更好地服务目标，这是一个自我循环的过程。

按照POA思考法，案例中的公司明显无法走完这个循环。没有明确的O（目标），那就无法凝聚更多的P（伙伴）。虽然公司高层经过研究支持了上级的决定，但根源问题并没有解决。这会造成类似的问题持续发生，如员工和上级隔阂加剧，公司文化支离破碎，员工、上级、高层彼此信任度降低等，然后将进一步积累组织负债。

案例中提到“人力资源部应该支持谁”，这也是一个非常明确的A（方法）。O（目标）到底是什么？凡事先问O（目标）应该成为一个肌肉反射。任何冲突矛盾的解决往往被所谓的A（方法）羁绊，A（方法）本身不具备对错属性的，人力资源部支持员工，或者支持上级，都是合理的，关键问题是O（目标）到底是什么？

如果公司的O（目标）是为了树立权威，保持管理的集权和严肃性，那支持上级是很好的宣导路径，起码员工会明白“以上为大”。

如果公司的O（目标）是为了回归思考的本质，回归公司管理的核心，希望通过任何一件管理的案例去修正弥补，那就应该就事论事，支持员工，尤其是如果公司文化里还有所谓的“公开、平等”，那这个A（方法）就会起到很好的作用。

POA思考法帮助我们回归思考的本质，聚焦O（目标），一切A（方法）都是为了O（目标）服务的，没有O（目标）空谈任何A（方法）都是毫无意义的。

结合实操经验，我提出如下建议，仅供参考。

◆ 立场问题

人力资源应该站在旁观者的角度，把自己的倾向、感觉、好恶都抽离出来，客观记录和审视整个过程。

◆ 提前介入

业务部门和员工沟通绩效的时候，人力资源部的员工都应该在场，并且提前和业务部门就员工考核异常的情况进行沟通，而不是在员工投诉的时候才介入。

◆ **过程透明**

如果员工和上级都存在问题，那么公司应将整个沟通过程通过视频完整记录，如实还原沟通现场，让更多的管理者或者员工知晓整个过程。对于其他员工而言，这也是自我反省的过程。

◆ **结果公开**

如果员工的最终申诉结果被驳回，公司层面没有书面公示，是很容易产生误解的。所以，公司须对处理结果进行客观、务实的说明，如告诉大家公司做出该决定的原因，对于上级后续有哪些改进措施。总之，公司内部要形成统一的认知说明。

◆ **二次培训**

沟通的现场如果通过视频做了完整记录，那么可以把它作为后续管理培训的真实案例，客观分析上级的问题、管理者的工作使命等内容。

处理方法多样，但请紧扣O（目标），尤其是组织自己的O（目标）。

第四节 | 促动飞轮如何促动组织

一、商业案例：读经典中的POA

本节我们通过路易斯·郭仕纳（Louis Gerstner）拯救蓝色巨人IBM的经典商业案例来分析促动飞轮是如何促动组织的。

- 郭士纳是谁?

他出生于纽约长岛，毕业于哈佛大学商业学院。13年的麦肯锡咨询公司的历练，让他成为一名光芒夺目的商业奇才。他曾是“蓝色巨人”IBM的董事长兼CEO，曾被美国《时代》周刊称为电子商务巨子。也正是在IBM的这段经历，让郭仕纳从一个商业奇才变成伟大的CEO。

- 他做了什么?

郭仕纳在危难时刻接手IBM，成功拯救了IBM。郭仕纳接手IBM的时候，把IBM比喻成一头“笨重”的大象，因为此时的IBM已经病入膏肓。郭仕纳是一个空降的CEO，担负拯救IBM的重任。在进入IBM之前，郭士纳在纳贝斯克作CEO的经历需要重点说明一下，这段经历与他管理特质的塑造和后续操盘IBM的风格是息息相关的。

为什么这一段经历会让人感觉特殊呢？我们先来看看当时的商

业环境。

20世纪80年代是美国杠杆收购的疯狂时期。杠杆收购又称融资并购、举债经营收购，是一种企业金融手段。杠杆收购的主体一般是专业的金融投资公司，投资公司收购目标企业的目的是以合适的价钱买下公司，通过经营使公司增值，并通过财务杠杆增加投资收益。

从这个时候开始，金融行业才发现借钱控制企业也是可以获得可观的利润的。KKR集团（Kohlberg Kravis Roberts & Co. L. P.，简称KKR，科尔伯格·克拉维斯）是当时的杠杆收购天王。在万科和宝能进行股权之争时，当时的王石说："要狙击门口的野蛮人。"这个"门口的野蛮人"最早就是形容KKR这个公司的，其用巨量的资金来控制企业。

纳贝斯克这家公司是20世纪80年代杠杆收购的顶峰。1988年KKR急于为这个食品和烟草企业找一个CEO，高级猎头罗列了20位候选人名单，排名第一的就是郭士纳，当时是美国运通公司负责运营的总裁。

郭士纳具有钢铁般的意志，业内把他比作第二次世界大战时美国著名的军事将领小乔治·史密斯·巴顿将军。我们举个例子来说明，1970年初的一个周末，郭士纳的两根手指被割草机严重损伤，被火速送到医院，他让外科医生赶紧处理伤口，说："我明天还有个会议要参加。"这是他的风格：工作狂、偏执坚韧、极度喜欢挑战，好斗，执行力绝佳，使命必达。

郭士纳28岁被提拔为麦肯锡最年轻的合伙人之一，在美国运通公司，他也把收费卡业务变成持续增长的赚钱机器。郭士纳曾说："公司压倒一切的任务就是为股东赚钱。"

我们再来看一个细节：1985年，当时郭士纳如果离开美国运通公司，股份和薪水将损失1000万美元，郭士纳和KKR展开了长时间的谈判，最终纳贝斯克愿意预先支付郭士纳1450万美元，年薪至少230万美元，这也形成了美国所有CEO中最有保障的薪酬，同时，郭士纳还有权在加入公司后前4年中购买530万美元的股票，包括一些以1美分/股价格成交的股票，这也是杠杆收购中第一位以特惠价格购买股票的CEO。

当时负责并购的KKR合伙人克拉维斯说："我们很欣赏郭士纳的斗争精神。一个家伙越是和我们争股权，他就越发可能成为好的CEO。"

作为CEO，作为公司最有权力的人，他的风格必然会影响整个企业的文化。后来，他在IBM就将他的风格演绎得淋漓尽致。

当郭仕纳出任IBM的CEO时，IBM是一家机构臃肿、孤立封闭、步履蹒跚、亏损160亿美元的企业。郭仕纳上台主管工作的9年时间，IBM股价上涨了10倍，一跃成为全球最赚钱的公司之一。他是如何做到的呢？

当一家企业面临像当时IBM的情况，一定是促动飞轮不平衡了，甚至是失效了。

在组织促动飞轮模型里，我们提到过三大因子，其中有一个叫"阻碍因子"。在阻碍因子中，又有三大维度。组织风格模式，简单地可以理解为"文化"，即一群人都是如何做事的。郭仕纳接手IBM后，也发现文化的异常，他上任的第一把火就是改变文化，突破当时IBM的组织风格模式。对于当时IBM的文化，他说："IBM就像一个温室，一个与外部隔绝了很长时间、封闭的热带生态系统。因此，这里会孵化出许多相当奇异的、世界上其他地方找不到的生命形式。IBM因其深刻的排他性和内在性，以及其过于沉湎于自己的规章和流程，失去昔日的强大，变得很脆弱，任何来自外部的进攻都有可能伤害到它。”

从郭仕纳的视角和管理思想出发，他觉得文化本身应该服务于商业，但IBM的文化本身却变成了一个“管理游戏”。文化变成的游戏是乏味可怕的，它忽略了多样性，成为固化原有规则的罪魁祸首。哪怕所有人都认可文化，也绝不可能或者绝不应该展现出同样的行为、方法，不可能也完全没有必要要求员工按照标准去做事，不是所有人都按一种文化做事才叫真正地在做工作、才叫真正地在进行思考、才叫真正地在进行协同互动，就像人文文化一样，多数真正重要的规范并不是书写出来的。

郭仕纳认为，文化本身需要进化。市场环境在变、人才生长环境在变、商业文明环境在变、科技水平在变，这些变化都需要隐射在文化的诠释中。郭仕纳说：“尊重用户就是应该提供好服务，而不是简单地着统一服装；精益求精是在确保满足用户要求的前提下，而不是闭门造车，自娱自乐；高品质的用户服务是应该关注行业变化，提供用户所需要的产品，而不是在用户先使用了我们产品后再进行服务。”

在这样的文化土壤中，郭仕纳把不同的人分为4类：积极采取行动促使事件发生的人、被动接受所发生事件的人、对事情持旁观者心态的人、什么事都不关心的人，这4类人在任何组织中都有。

紧接着郭仕纳剔除了一些不必要的机构，大刀阔斧地撤销管理委员会，彻底改变公司内部官僚作风。这是在解决阻碍因子时遇到的第二个障碍：组织结构逻辑，其背后是短期利益和长期利益、集权和分权的关系。组织结构逻辑决定组织分配资源和决策的方法。如果组织结构搭建错误，那么就会形成结构型矛盾，就像你一定要把汽车轮子改成方形的，再怎么踩油门、加油，就是跑不快。

郭仕纳还帮助IBM梳理了战略。在组织促动飞轮模型中，我们提到过，战略本身只是一个A（方法），帮助实现O（目标）。多数公司总是一看到别人业务赚钱，就想着转型兼并。例如，施乐曾经选择了金融服务，可口可乐涉及了电影行业，柯达还做过医药行业。在郭仕纳看来，这都是不明智的选择，当O（目标）出现偏差时，就容易选择错误的战略A（方法）。

郭仕纳还提到愿景规划和战略的关系。他发现，许多高级经理把愿景规划和战略当作一回事。这是典型地把A（方法）当作O（目标）的误区。在组织促动飞轮中，愿景是在O（目标）这个象限的，而战略是在A（方法）这个象限的。

郭仕纳在IBM的9年时间里飞了约160万公里。郭仕纳把自己的这个特点转化成了IBM的组织技能，转化为一群人的共同能力，IBM的团队已经成为就是我们平时说的“铁军”和“狼群”了。

郭仕纳在IBM完成了自己华丽的蜕变，也让IBM走出困境。他打破IBM原有的组织风格模式，重建IBM风格，让其适应新的外部环境。他改组了架构，调整了组织结构逻辑，让资源和决策更高效地流向符合战略的产品和服务上去。他调整了战略，剥离了多余的业务，让A（方法）更加聚焦，更加贴近IBM的O（目标）。

郭仕纳曾说：“1993年加盟IBM时，我就做好了迎接IT行业的技术挑战，然而，我还没有完全了解清楚计算机行业的特点和随之而来不寻常的实践。这个行业每时每刻都在发生变化。这个行业有巨头，如甲骨文、太阳系统、微软和苹果。这个行业还有非常传统的戴尔，和千千万万掌握某个小技术的企业，都在努力开创自己的未来。这个行业没有贸易协会，而且充满竞争。这个行业崇尚标准，你有了标准就拥有市场，这个行业还过分追求技术的力量。”

这个行业对郭仕纳而言是陌生的，但他却拯救了IBM。他铁腕般地冲破IBM的文化樊篱，在新的文化土壤上聚拢了一批适合未来IBM的人才；他重构了组织结构逻辑，为组织“瘦身”；他重新定位战略，砍掉多余的业务和产品；他改变IBM制度和流程，一切从服务出发，从用户出发。他让飞轮再次在IBM高速转动。

今天的IBM已经是一家1200亿美元市值的公司了，成为世界领先的信息解决方案服务商。

我们再从纳德拉让微软“刷新”看组织促动飞轮。

微软的CEO纳德拉，也担负着把公司从低谷拉回到光辉时刻的重任，纳德拉做得很出色。

与郭仕纳空降不同，纳德拉早在1992年就加入微软，跟随着这个软件巨头一起成长。2014年，当纳德拉被比尔·盖茨推荐并被微软董事会聘任为CEO的时候，他面临着微软股票长期不振的情况。很多人都已经放弃了微软，认为微软在移动互联网时代不会再有建树，微软引以为豪的拳头明星产品Windows操作系统也将退去，移动市场惨败，颗粒无收。但纳德拉却没有让这一切发生，他逆转了这一切。

我们先来看一组数据，根据2019年7月5日的数据，微软是全球市值第一的公司，收盘时市值高达1.05万亿美元，这个数据如果做个货币折算，同样按照7月5日的汇率，大约等于2.38个腾讯，25.35个百度，2.31个阿里巴巴，比BAT三家企业市值之和还多1155.25亿元，整整多出了2个京东的市值，确实是富可敌国。

那么，纳德拉接手微软时的情况是怎样的呢？

我们先从图8-4开始。2015年6月，设计师在自己的博客上，画了一组美国科技公司的组织结构图。其中微软的组织结构图很有代表性，设计师把枪画了进去，让微软外部的人第一次了解了微软的组织结构图，更是第一次感受到一个外界看来伟大的公司，内部是如何彼此敌对的。

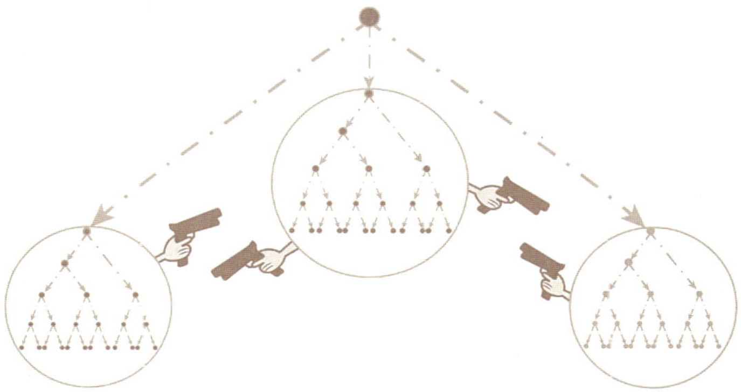

图 8–4 “敌对”的风格模式

组织架构图中，各部门互相用枪指着对方，紧张的关系跃然纸上。大型企业组织的分工一般是比较清晰明确的，工作的界限很分明，组织架构从上到下层级有序，从左到右分工明确。凡事都有两面性，好的方面刚才已经说了，坏的方面就是非常容易患“组织深井病”。“组织深井病”是因专业和分工造成的，因为大家工作内容不一样，所需要的技能不一样，考核的指标不一样，对公司的贡献不一样，所以彼此毫无关系，都埋头做自己的事情，研究自己的问题，就像你在挖井一样，只顾着往下看，于是员工越来专业，各部门也就越来越不了解对方，深井就形成了。后果就是沟通难度加大，隔着厚厚的专业壁垒，靠着毫无温度的邮件来回交流，偶尔爬出深井碰头开个小会，还是存在看不惯和抱怨的情况。

微软的“组织深井病”很严重。

按照我们“组织促动飞轮”模型的思路，和IBM的案例一样，我们先来看看微软此时的组织风格模式。

纳德拉曾说：“在这个混乱时期，一名漫画家将微软的组织系统描述成敌对帮派结构，大家互相用枪指着对方。”他还说道：“创新被官僚主义所取代，团队协作被内部政治所取代。”

这就是当时微软的组织风格模式：“互相用枪指着对方”“官僚主义”“内部政治”。纳德拉通过这几个分量很重的词表达出了微软糟糕的情况。

纳德拉还分享了一个事例：他就职CEO后，第一次组织高管上了一节正念训练课，在分享的时候，却没有一个人主动站起来。纳德拉心里想：“为什么不是每个人都站起来呢？这是一个高绩效团队吗？”他又想：“这些高管或是出于担心，担心被嘲笑，担心失败，担心被认为不是这个屋子里最聪明的人，或是出于傲慢，认为自己的位子太重要了，不屑于玩这种游戏。”

这时展现出来的已经不是“团队”了，而是一个“团伙”。用POA的语言来分析，这一群人不是真P（伙伴），他们并没有相同的O（目标），可能连O（目标）是什么都没弄清楚。

我们之前讲过，一个公司的风格模式往往是由CEO来决定或者引领的。CEO或创始人所有的个人喜好（和业务无关）都会通过公司这个组织被放大。郭仕纳影响了IBM，微软的纳德拉也是如此。纳德拉的风格模式，用他自己的一句话总结是：“同理心是我做事的核心准则。”

纳德拉认为“同理心”很重要，他也把“同理心”带入自己改造的微软文化中。他说：“我把改造公司文化列为首要任务，要想把微软这个组织重新促动起来，核心就是需要一场‘文化革命’，伟大的成就需要魄力，不改变CEO自己的行为就是隔靴搔痒。”

纳德拉逐渐在高管中达成一个共识：“我们都有一个深刻认识，没有任何一个领导者，任何一个团队或任何一名首席执行官能够成为微软复兴的英雄。微软要实现复兴，靠的是我们所有人以及我们所有人的努力。文化转型是缓慢而艰难的，但也是值得的。”

“我们花太多的时间在工作上，所以工作应该有更深刻的意义。如果我们能够把个人相信的价值与公司的长处结合起来，那么我们几乎就可以攻无不克了。”纳德拉开始找寻一个平衡点，一个组织新的O（目标），也是新的使命，一个能拉到真P（伙伴）的新使命。纳德拉赋予微软新的文化元素，逐步打开微软封闭的生态，他要让微软赋能每一个人。

文化的改变首先会影响每个员工做事的判断依据。微软改变组织风格模式的一个经典案例就是Windows 10的发布会。

微软企业传播负责人给的方案是——视觉盛宴，一个热闹、高调、奢华的元素集合，在POA体系中，这是一个很棒的A（方法），然而纳德拉不满意。他停止和传播负责人的讨论，独自一人走进咖啡间，他需要一个人静静思考。他在思考一个问题：方案本身没有好坏对错之分，只是这个发布会方案A（方法）和我的O（目标）有什么关系呢？我的O（目标）已经发生了变化，不再是让每个人拥有一台电脑了，我的O（目标）是要赋能地球上每个人，那么这个A（方法）应该如何展现才更好呢？

纳德拉果然是“凡事先问O”，思维非常POA化，这个决策直接、干练，就像纳德拉之前要放弃绿卡，申请一样，他把太太安努放在第一位，O（目标）明确了，就不会在A（方法）上纠结了，不管这个A（方法）会带来多大的感官刺激。

同时纳德拉也是学习能力很强的管理者，他随时随地都在获取信息去构建他想要的这个A（方法），他无意间听到了团队成员私下讨论：我们应该在肯尼亚发布Windows 10，我们在那有用户、合作伙伴、员工。这个A（方法）正是符合新微软的O（目标）。

“我们应该去那碰碰运气”，纳德拉成功说服了企业传播负责人，这是无界限的思维，是面向未来看问题的框架。通过这个事情，我们可以看出，纳德拉在用实际行动来传播新的风格模式，这比说教有价值。企业传播负责人一定会全力体会这一次新思维下的工作方法。

正如纳德拉所说：“首席执行官，也是CEO中的字母C，我希望代表的是文化；文化践行是从业务中长出来的，而不是做出来的，它就像决定‘在哪里办发布会一样’，是决策的依据和原则。”

纳德拉上任时说：“我们的文化是固化死板的，固化型思维决策会强化我们以往的做事风格。”微软需要更多像纳德拉一样思考的管理者出现，让他们有决策权，让他们带着团队按正确的思维去作决策。而Xbox部门负责人菲尔就是这样一个因为组织风格调整而展现才华的管理者，在新的文化土壤上拉来新的P（伙伴），真正符合新文化的P（伙伴）。

之前菲尔就知道需要打造世界上最具吸引力的游戏平台，他知道什么游戏能帮助他实现这个目标。但在旧的组织风格模式下，菲尔的意见没有被采纳，他的老板没有批准这个建议。菲尔没有放弃，直到纳德拉上台，菲尔的建议被采纳，他领导开发的游戏成为Xbox上最热门的游戏。在纳德拉上台前，比尔·盖茨和史蒂夫·鲍尔默曾拒绝了菲尔的建议，他们当初是持有反对意见的。

此前的微软土壤很难让真正符合未来的人才被挑选出来。纳德拉当时的评价是："我们会看到一些不那么令人鼓舞的趋势，在被问及副总裁团队负责人是否将人才流动和人才发展作为优先任务时，调研结果显示现在的状况还不如文化建设开展之前的状态。"

显然，纳德拉对于拉P（伙伴）的过程极度不满意。在飞轮促动模型中，我们提出过，突破组织风格模式是需要以能拉到合适P（伙伴）作为路径的，没有合适的P（伙伴），飞轮无法继续运作。

纳德拉带来新的组织风格模式，让一批更合适的人脱颖而出，而且他们明确新的战略：云优先。

于是纳德拉开始基于"云优先"战略构建新的组织技能：混合现实、人工智能和量子计算。他们按照这个新的方向确定各种新的制度、流程、规范等。他们为了符合和加强新的组织模式，吸引各类人才，如高校研究所人才、高校教授、各类跨界人才研究云端的应用。

因为重新明确了O（目标）——赋能每一个人，形成了新的战略——"云优先"，才会出现跨越组织风格模式的合作，如苹果和微软的合作，微软和Linux的合作等，风格也由封闭到开放。

正如纳德拉在完成了和Linux的合作后，说的一番话："这听上去是一个纯粹的技术困境，但它也提出了一个重大的文化挑战。"因为微软是通过操作系统收费的，Linux却是免费的，微软一直把Linux当作对手和敌人。

纳德拉改变了微软的组织风格模式，让一群有活力的人脱颖而出，执行了新的战略。在这样一个开放的环境中，微软开始恢复精力，一个后来证明很成功的AI（Artificial Intelligence，人工智能）产品就在那时诞生了，它就是AI语音机器人小冰。

“那个时候，整个微软都在恢复精力，新CEO上台要解决进一步发展的问题。我们也认识到，人工智能是一个大的发展方向，而中国恰好也在进行自主创新，所以微软内部就尝试某一类创新并先在中国进行。小冰就在此时诞生”。

这段话是微软（亚洲）互联网工程院副院长、小冰团队总负责人李笛说的。李笛就是，CEO纳德拉曾经提到过的当时微软最高领导团队中的一名，曾在雅虎工作10年，拥有20项美国专利，担任微软应用和服务业务的负责人。“那个时候”，指的就是2014年，新CEO就是纳德拉，而这个创新就是时任微软集团全球执行副总裁陆奇通过的人工智能的探索方向。

这里还有一个小插曲，小冰的出现也完全得益于纳德拉当时给的“特区”政策。正是因为纳德拉的到来，解放了思想，在微软方向的路线上“画了一个圈”，才有了小冰的前生。

小冰是什么呢？它诞生于2014年，从一个对话机器人起步，目前成为最强的人工智能应用代表，担当过主持人、记者、歌手、诗人、画家、设计师等多种职业角色，甚至发过单曲、出版过诗集、举办过画展，涵盖社交对话机器人、智能语音助理、人工智能内容创作和生产平台，覆盖全球6.6亿在线用户、4.5亿台第三方智能设备和9亿名观众。

尽管拥有海量的用户，但微软这些年并未为小冰推出独立的硬件产品，而是一直坚持“第三方平台”的策略，例如，VIVO和OPPO都可以用小冰，在内容和资讯平台上，小冰已经和网易新闻、新浪新闻、今日头条合作。

纳德拉不断突破微软P（伙伴）的界限，和优秀的公司广泛合作，苹果、谷歌、Facebook、红帽Red Hat和亚马逊都成为微软的伙伴。所有这些合作都印证了纳德拉致力打造的全新的组织风格模式：一种将集体智慧和能量注入一种新的使命中的模式。

我们通过飞轮模型知道，组织风格模式就是组织的惯性，是企业持久不变的行为特点，是深深地根植于企业的一切思维和行为。当时的微软公司内部，彼此猜疑，彼此拿着手枪对着别人。这也成了纳德拉上任后要处理的第一件事情。不管是从Windows 10发布会的方案制定、通过管理人员的正念课程的培训以使其进行自我暗示，还是对和合作伙伴的重新定义，他都通过自己的行为去展示正确的使命是如何影响工作的。这是纳德拉撬开微软变更大门的核心之举。

微软后续进一步开放平台，微软小冰成为小米米家生态链平台默认AI系统之一，进入小爱智能音响；小冰自己开发有声少儿读物，小冰创作的有声少儿读物用时仅为人类的1/500，成本为1/80000，还匿名在喜马拉雅、蜻蜓FM等平台发布内容。

通过对小冰产品的解说，你很难联想到这是一家靠卖操作系统版权为生的企业的产品，也很难想象到这个产品可以跨平台，甚至对合作伙伴保持开放。这是一个全新的微软，一个虽然暂时落后于互联网风口，但又努力重回巅峰的微软。

小冰作为微软平台化的最成功的产品之一，背后是新的战略支持，这个新的战略来自一个全新有活力的组织，而他的带头人就是纳德拉，一个具有“同理心”的CEO。

纳德拉是幸运的，他的“同理心”构建的处事方法，帮助微软回归了常识：满足用户的需求，采用一种前瞻的方法而不是透过后视镜寻找机遇。

真正制约庞大、实力雄厚的微软进一步发展的，往往并不是技术或资金，而是常识。

纳德拉作为一名高管，也是微软40年历史上第三位首席执行官，他已经创造了微软的奇迹。

修好组织促动飞轮，让使命改造组织风格模式，让新的风格筛选出合适的人员，并给予其足够的权力和决策空间。新的战略往往可以孕育而生，新的战略需要全新的组织技能来进行支持，这些新的变量通过制度系统进行固化，沉淀下来，进而让更多的人知晓、感知新的风格模式，形成正向循环。

老子说："治大国，若烹小鲜。"操盘大型组织，我们要培育好的土壤，成为好的园丁，让组织释放更多的活力。

二、影视作品：看影片品POA

2019年大年初一上映的优秀国产科幻大片《流浪地球》，得到广大群众的热爱。这样一部现象级的影片，已被铺天盖地的各类影评赞誉。而我看到的是影片中的POA思维的逻辑主线。

当你有聚焦的目标、众多的伙伴和加速的方法，你的行动就会更有成效。组织也一样。

让我们一起重温POA的"三支柱"以及POA信息下载图：

O是目标，Objective；

P是伙伴，Partner；

A是方法，Acceleration。

影片背景：太阳在未来会发生巨变，人类无法在地球上生存下去了，于是人类想着在地球上造1万台行星发动机，推动地球离开太阳系，寻找新的恒星。

这个背景展现了2个画面：

Before：地球环境剧变，人类无法生存。

After：寻找新的恒星，寻找活下去的希望。

实操中，PCA在还原思考的路径时会用Before（之前）和After（之后）进行对比，而且强调画面感。画面感是为了加深人们的感受，画面感会比陈述性的文字更加能打动人。影片就直接向我们展示了这种画面感带来的震撼，生动地说明了全人类的痛，这也是产生巨大动力的源泉。

所以，一开始的背景说明很好地设定了具有强烈痛感的O（目标），这个O（目标）是客观、被动的，但却具备了所有能调动主观意愿的要素，并且解释了一个很重要的问题：为什么要采取后续所有的步骤、措施来应对挑战。

这是一个无奈的O（目标），但也确实是一个好O（目标），好到无须解释。

这个O（目标）自然聚集了全球的人，从数量上来看，已经达到了上限，即没有人可以独善其身；从质量上来看，已经达到了上限，集合了全人类的智慧。在POA中，我们曾提到一个概念，聚合在一起的人不一定都是真P（伙伴），需要明确他们是否具有同样的O（目标）。

回到之前你和你朋友一起去意大利的例子，从物理空间角度来看，你们一起去旅游怎么就不是伙伴呢？用POA来思考，结论就未必是这样了，是不是真P（伙伴）关键要看你们的O（目标）是否一致。你朋友去意大利是为了参观古迹，感受历史；你是为了购物，目标O（目标）不一致，就注定这一路上会产生各种不愉快。从人性角度来看，人都是从自己的小O（目标）出发，就算有一方隐忍，内心肯定也是不开心的，搞不好这次旅行成了你们的“绝交”之旅。

所以，共同一致且有共鸣的O（目标）非常重要。电影构思的这个O（目标），聚集了全球的P（伙伴），并且是真正意义上的P（伙伴）。电影交代了全人类成立了联合政府，突破了国界、种族和信仰，这些P（伙伴）共创出来的方法A竟然需要“牺牲地球一半的人口，大约35亿人”，对于这35亿人来说，地球无法生存是死，采用这个A（方法）也是死，那为何还需要去支持和落实这个A（方法）呢？那可是个人利益的终极牺牲（命都没有了）。

但这个O（目标）太强大了，强大到聚集的P（伙伴）共创出来的A（方法），需要牺牲一半的P（伙伴）来落实。电影里的A（方法）即“流浪地球”计划，需要耗时2500年，历经100代人。该计划共分为“刹车时代”“前流浪时代”“后流浪时代”“新太阳时代”4个阶段。这个A（方法）也果然不同凡响，完全能匹配O（目标）的宏大调性；但天有不测风云，行星发动机出现了问题。

如果说“流浪地球”计划是图8-5中的大A（方法），则行星发动机就是嵌套在大A（方法）里的阶段性任务，在这个阶段性任务的执行中出现了大问题。

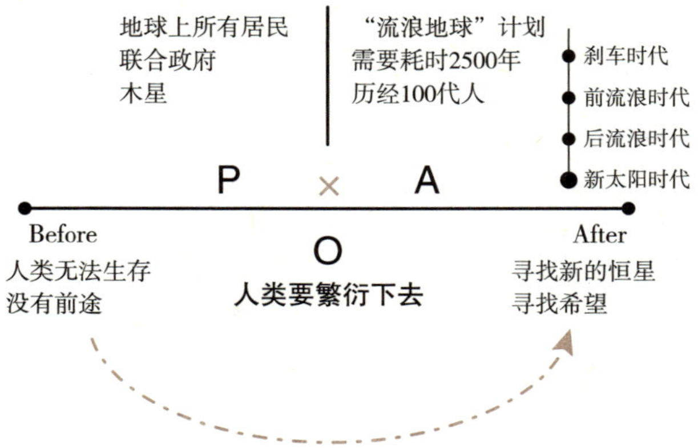

图8-5 《流浪地球》中的POA

POA极简思考法的首要原则：凡事先看O（目标），切莫把A（方法）当作O（目标）。

电影在处理这个问题的时候把这个核心思想展现得淋漓尽致：如果自身动力不足，就引爆木星借力；此时此刻，人类为实现最大、最底层的O（目标）——人类种族要繁衍下去寻找到了一个最大、最厉害的新P（伙伴）——木星。

对比好莱坞类似题材科幻片，你会发现也许我们的O（目标）都是拯救地球，但好莱坞电影的A（方法）一般是某个英雄或者英雄联盟力挽狂澜地拯救地球，而后继续开心地生活下去。本片的A（方法）却大大不同，选择带着家一起走，这背后其实体现了文化和精神内核的差异。

第五节 | POA与KPI、OKR

KPI和OKR（Objectives and key Results，目标与关键成果法）是近几年比较火的2个词，一直有人对它们进行比较。POA是个比较新的概念，但也会有不少人问我这三者的区别，开始我不太想去比较这三者，因为维度不同，不过这个问题却引起了我的思考。

KPI貌似已经成为"古典"的管理术语，它的起源要追溯到20世纪50年代，那时的企业领导人开始尝试采用一系列的管理技术来提高员工的绩效。

管理大师彼得·德鲁克介绍了目标管理（MBO），是指管理层和员工共同设计目标，就目标达成一致，并想办法把目标变成管理的过程。

到20世纪80年代早期，在进行目标设置时运用SMART[①]原则和KPI的方法开始流行。

OKR是冉冉升起的新星，虽然搞懂它的人不多，但也不影响它被追捧。

1999年John Doerr（约翰·杜尔）把从英特尔（Intel）学到的

① SMART原则（S=Specific、M=Measurable、A=Attainable、R=Relevant、T=Time-bound）。

OKR方法介绍给了谷歌（Google），变革了谷歌的目标设定方法。今天，OKR已经成为一种对标公司和员工个人目标的标准方法。

作为一种帮助企业把精力聚焦在重要的事情上的管理方法，OKR已经在一些行业标杆企业，如英特尔、甲骨文（Oracle）、谷歌取得了成功，也在其他一些企业成为提高绩效、卓越运营的基石。

而POA体系还在发展壮大中。它是在这个充满不确定性的时代下，一群来自不同领域的创业者和企业家的集体智慧结晶，其体系的开放性，让我们能看到它的完善发展方向和未来无限的可能。它已经在公益领域取得不小的成绩，同时又在商业领域崭露头角，其思维方法的简洁性也越来越受到管理者们的追捧。

我从实际应用的现状来剖析它们三个之间的关系。

- “最佳背锅奖”：KPI

KPI是比较悲催的工具，如果给KPI来个360度访谈，估计你能得到所有贬义词的汇总。

员工觉得KPI就是枷锁，成为公司“名正言顺”扣钱的屠刀，受憎恨的程度往往会排在账单之前。

人力资源部觉得KPI就是鸡肋，食之无肉，弃之有味，不用不行，用了苦了自己。

老板认为KPI不够全面，不足以展现其内心的商业版图和鸿鹄之志。

于是KPI就变成了KPI+，活生生地被扩充成了KPI生态，形成了特有的KPI口头禅：“加入KPI中。”

为什么会这样？作为在目标层的管理工具，显然KPI是有弊端的，用POA看，KPI是错把指标当目标。

举个招聘的例子，你给下属定了个指标，下周邀约10个候选人来面试，这是不是目标呢？其实不是的。因为邀约真正的目的其实是找到合适的人。

KPI给员工更多地设置的是“要我做的事”，而更需要做的是唤醒员工主动意识，让员工形成“我要做的事”的意识。

这也为OKR“乘虚而入”提供了机会。我们提取了百度指数的数据，对照KPI和OKR从2011年1月1日到2019年2月24日的搜索指数（参见图8–6），可以清晰地看出KPI和OKR的搜索指数波动范围，所以说，KPI被关注得越多，可能背的锅也越多。

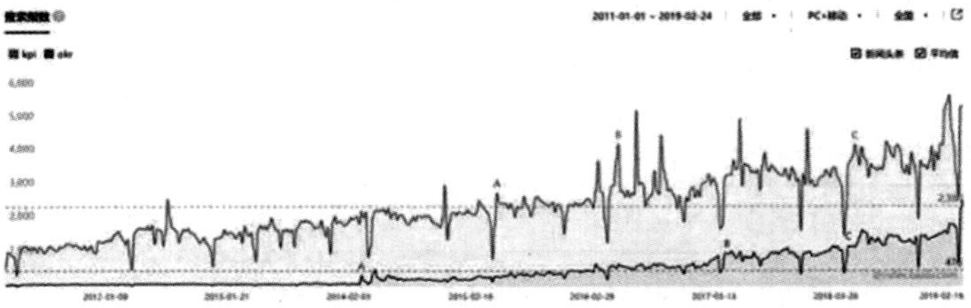

图8–6　KPI和OKR的搜索指数

还有一个“致命点”：现在对KPI的理解和“人”没有任何关系，“人”的要素被忽略了。

我们追根溯源来看下KPI的定义，维基百科上对KPI的定义是：KPI is a type of performance measurement. KPIs evaluate the success of an organization or a particular activity in which it engages（KPI是一种绩效考核，评价一个组织的成功或其介入的某个特别行为）。

所以，KPI的本质是把组织的绩效结果用一些关键指标来衡量，人是关键要素。

- 最新流行范式：OKR

企业管理是一件严谨刻板的事，但是管理应用层面也有潮流，你方唱罢我方登场，各领风骚三五年。最新的一股流行范式，眼看着非OKR莫属。

OKR是英文Objectives和Key Result的缩写，中文的意思就是“目标与关键成果”。很明显能看出来，OKR比“目标与关键成果”洋气多了，透着一股西方先进管理经验的味道。

事实也是如此，OKR起源于英特尔，被谷歌发扬光大。这两家企业都是行业翘楚，世界闻名。所以OKR才会在这么短的时间里得到广泛的认可。从2013年开始，硅谷的众多高科技企业纷纷拜倒在OKR的脚下，争先恐后地在自己的企业里导入、实施；运用OKR的这股风气很快被敏锐的中国同行发现，国内知名的互联网公司“豌豆荚”“知乎”纷纷导入，效果不错。

2014年，谷歌又把OKR内部培训视频放到了网上，这一动作马上刺激了国内学习OKR的热潮，国内的互联网、高科技公司纷纷模仿、导入。

追根溯源，这个OKR的名字是谷歌独创的，这套体系的实践源自于英特尔，在英特尔，它也被叫做iMBO（英特尔目标管理法）。

看到这个名字，估计大家也明白了，原来背后的理论就是德鲁克的目标管理思想。由于这个思想的传承再加上谷歌的加工，形成了目前的OKR的自有体系。

OKR是让你回到目标本身的一个工具，也就真正把“往哪儿打炮”的权力交给了“听得见炮声”的人。它是从战略出发，明确目标，并且在短周期中聚焦关键成果。

基于MBO的理论思维，OKR的目标O是需要高频次回顾的，虽然使用的时候会以一个季度作为周期，但为了确保路径正确，每周也都会进行复盘。同样OKR的KR（关键结果）也是必须能完全量化的，既有数量，又有时间要求，具备SMART原则，O和KR必须无缝匹配。

OKR需要公开，让成员知道，所以也成为有效的沟通工具，通过对比你的O和工作行为，就能直接发现是否跑偏。

以著名的亚马逊飞轮理论为例。

亚马逊以“Customer Experience（用户体验）”作为飞轮的原动力（如图8-7所示），更好的用户体验带来更多的流量，更多的流量带来更多的卖家，更多的卖家带来更多商品的选择，进一步提升用户体验，当这个增长开始转动，这个逻辑开始走通的时候，增长又会带来更低成本结构，会出现更低的价格，会在更高的层面带来更好的用户体验。

所以，这个O（目标）就是“大幅度提升用户体验”。目前，亚马逊的KR就是“大幅度增加99美元的优先会员服务”。

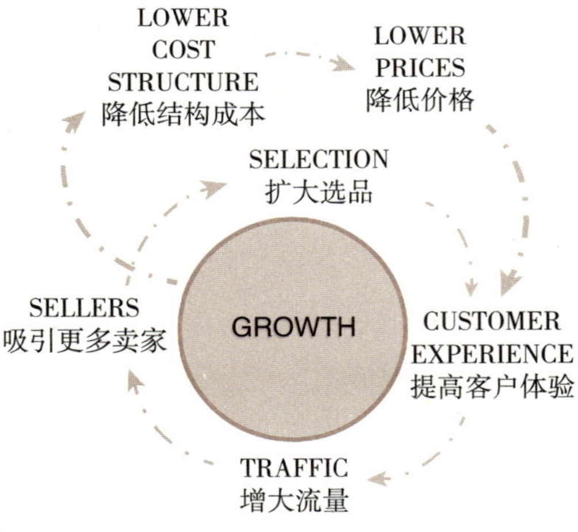

图8–7　亚马逊以“用户体验”为飞轮原动力

目前来看，OKR的确是企业管理目标层的一个好工具。

- 不一样的明日之星：POA

作为一个商业管理思维，POA简约却不简单，能够看到它体系的开放性，能够看到它发展完善的方向和无限可能。

作为一个管理工具，POA不仅囊括了现代管理的4个层次，最重要的是关注了“人”的问题。它强调资源是人带来的，POA描述的是伙伴P，伙伴是有共同价值观，因为共同的目标走在一起的人的集合。

从商业的起点追根溯源，围绕着P、O、A 3个要素形成商业循环，重新定义组织。现在的POA包括一大体系、两层循环和八大模块，其中这一大体系就是促动飞轮组织模型，首次对“组织”这个抽象的概念给出了一个清晰的画像，它从三大因子、九大维度诠释了“什么是组织”，组织进化和发展是飞轮修圆和平衡的过程，当管理妥协造成了“组织负债”，飞轮就会失去平衡，无法高效转动。它的底层逻辑就是POA的循环，即O（目标）聚合P（伙伴），P（伙伴）共创A（方法），A（方法）服务O（目标）。

从企业管理的层级维度来看三者的关系（如图8-8所示）。

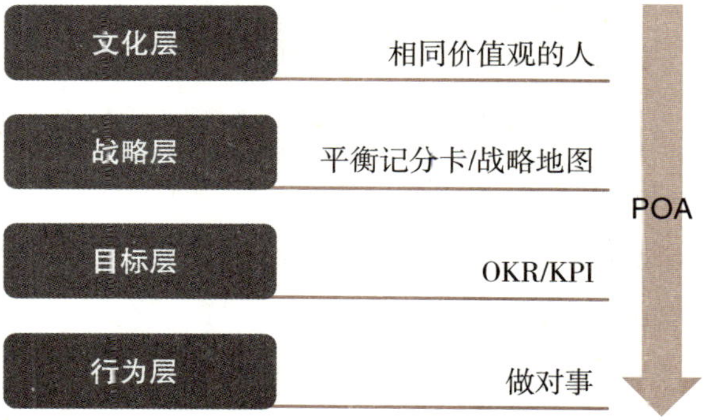

图8-8 POA主脉贯穿的4个维度

最后，我结合KPI的概念、OKR的本质和POA的覆盖范畴，把3个概念整合在一起，用经典POA思维模型图来表示。

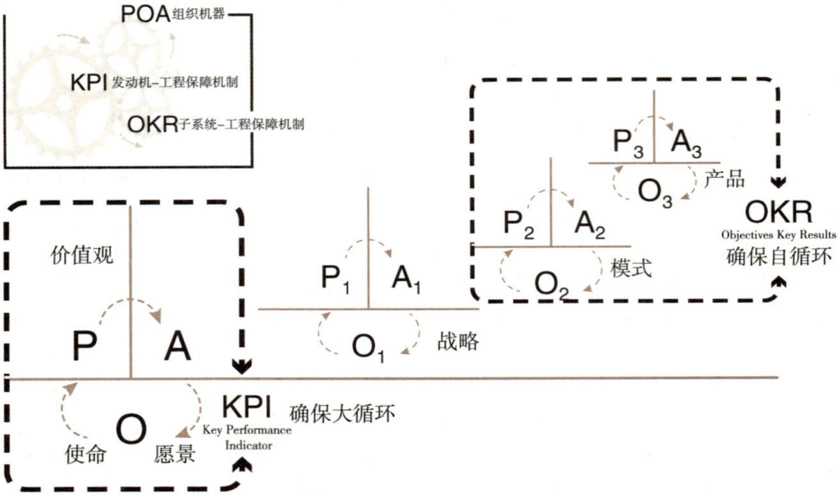

图8-9　POA、KPI和OKR

管理工具的理论和实践运用场景往往互相支撑，但又自成体系。KPI、OKR和POA在不同的场景中使用，是无法完全独立分开的，因为都是基于O（目标）展开的，但侧重点可能会不同，使用者的考虑和出发点也会不同。

OKR也可以用在公司层面，来表达管理层的展望，但没有突出伙伴P这个要素，而在国内的文化环境下，OKR往往会和KPI交换使用，更多成为KPI的替代工具。

最后，不管是KPI、OKR还是POA，合适的才是最好的，管理者不可盲目追求时髦。对企业而言，管理工具最好是“简单可依赖”。管理工具越简单，大家用起来越容易，管理成本越低，越容易达到管理效果。

IT'S TRULY
POA

第九章　融会贯通，在任何场合都能灵活运用

截至目前，我们所讨论的POA都是在企业、组织这样的商业环境下的运用，很幸运，在我们更熟悉的日常生活中，在丈夫和妻子，父母和孩子以及朋友之间，同样也可以运用POA。因为它是一种底层思维，帮助你更新你的认知系统。

第一节 | 你想拥有什么样的人生？

如果把人生比喻成登山，那么重要的事情是决定自己准备攀登什么样的山。因为要根据所登的山准备相应的东西。如果是爬周边的一座小山，像去郊游那样的轻装就可以了。可是要想攀登珠穆朗玛峰的话，不仅要准备专业设备，连垂直攀岩的技术都必须掌握。

这也是POA一再强调“凡事先问目标O”的原因，这个念头是一切的起点。如果心中连个想法都没有，当然不会知道该采用什么方法A去实现，这样的人生只能是随波逐流，混沌的情况加深，看不清未来。

所以，想拥有什么样的人生，你必须先在内心许下强烈的愿望，也就是设定人生的目标，这个目标相当于种子，未来可以在你人生这个院子里茁壮成长，开花结果。同时，这个目标也是引导你走在正确道路上的指南针，当人生偏离方向时，会带我们回到原来的轨道。

思维方法正是决定人生、改变命运的关键因素。前面登山的例子告诉我们，目标不同，所要准备的东西也不同。人生目标不同，思维方法也各不相同。

图9-1 目标来自哪里?

目标决定思维方法。如果你想爬更高的山，或者说，想要办更高水平的公司，想让自己的人生更充实，那么，你的思维方法也必须是高水准的。目标不同，思维方法也不同。

许多人对思维方法缺乏正确的认识，认为它不过是意识范畴的一个概念，和自己的实际人生并无关系。说思维方法足以决定一个人的人生，一点也不夸张。思维方法看起来很抽象，其实它就是你怎样去思考和怎样作出判断，包括哲学、理念及思想。

我们说，人生就是一连串选择的结果。过去的种种选择积累下来，就形成了我们现在的人生，而今后所做的各项选择也将决定未来的人生。

一个要成为“第一”的人和一个只想“马马虎虎，轻松随意度过人生”的人，他们的思维方法肯定不同，那么在一次次的选择上自然也不同，这两个人必然会拥有截然不同的人生。

选择什么样的思维方法是一个人的自由，它和人生目标O相匹配，人们在自由选择思维方法的同时，也背负了巨大的责任，因为选择是否正确直接决定了人生目标O能否达成。

第二节 | 从“我”到“我们”

当你进入一段亲密关系的时候，你就不再是一个人了。你进入了一个以爱联结的、超越个体的、有自己独立生命的系统，并成为一个更大的系统的一部分。亲密关系意味着从“我”，变成了“我们”。

爱会让我们在一起，但如果目标不同，就会分道扬镳。

成人亲密关系中的爱，来源于人类的依恋本能。因为这种情感，和母子之间的依恋情感不仅有相似的生理基础（多巴胺和催产素），还有相似的体验和特征。

你看在一个组织里，同样也是“我们”，却不能称之为亲密关系，因为缺少这种依恋情感。

有了这种依恋情感就能长长久久地让我们在一起了吗？如果真这么简单，那世上哪里还会有“悲情剧”啊！爱只是让我们在一起的起点，两个人会被爱情冲昏头脑，因找到彼此满心欢喜，这就是通常所说的“蜜月期”。

很不幸的是，“蜜月期”的光环很快就会褪去，此时，如果两个独立的个体拥有一致的人生目标O，那么他们将是这段亲密关系冒险之旅的伙伴P。反之，O（目标）不同，自然不会成为亲密关系的P

（伙伴），不是貌合神离就是分道扬镳。

相爱的两个人赶紧和对方说说你的人生目标以及未来有彼此共同参与的那个美好画面，就像能预先看到“我们”的美好未来似的。一致的O（目标）才是从“我”发展到“我们”所需的稳固亲密关系的基础。

吵架是伴侣之间的一种特别的沟通方法，它代表一种在乎，一种我愿意袒露自己的需要和心声，愿意跟你交流我最隐秘、最真实的想法的坦白。这背后，也有一种对关系的信任。

很多时候，人们吵的点和真正生气的点，常常不是一回事。这是因为在亲密关系中，人们总是会回避让彼此难受的事情，而“气”一直都在。如果“气”一直在，那么遇到矛盾就会发泄情绪。久而久之，人们自己也不知道在吵什么，要解决矛盾更是不可能。

曾经有对情侣为装修新房挑窗帘。丈夫说：“我觉得深咖啡色的窗帘比较好。”妻子说：“这个也太土了吧。我觉得还是这种浅色花纹的好看一些。”

丈夫就很生气：“你的审美呢？你知道什么是好看，什么是难看吗？”妻子也很生气：“我审美怎么了？你去问问别人家，有谁家里买这么土气的窗帘！”两人就开始吵起来了。

相信这个场景并不陌生！选择咖啡色窗帘还是浅色花纹窗帘有对错吗？显然没有！你会发现，几乎所有的争吵都是A（方法）层面的，A（方法）本身没有对错，差别在于O（目标）。

那么，丈夫想要咖啡色窗帘是为了有好的睡眠环境，而不是美观；而妻子想要的是美观。搞清楚彼此O（目标）的差异，问题是不是就很清晰了？直击问题核心，避免情绪发泄和多余的争吵。

敲黑板，画重点

用POA升级亲密关系中的沟通系统，学习“正确的吵架”。

- 说A（方法）时一定要说O（目标），不在A（方法）上争吵，导致情绪失控。
- 告诉对方O（目标）背后的原因，不要让伴侣瞎猜疑。

第三节 | 把孩子当作伙伴

在育儿路上，我们都会遇到各种各样的挑战，也因此困惑过、焦虑过。但是如何处理这些问题呢？先请各位家长看看下面的问题，相信每位家长都感同身受。

- 到底该严格管教还是给孩子一个快乐童年？
- 吃饭、睡觉、写作业怎么就毫无征兆地演变成这种困难局面呢？
- 上了很多课，看了很多书，为什么到自己家孩子身上就没效果了？

…………

看似纷繁复杂的问题，在POA体系里却只有一个问题：你把孩子当伙伴P了吗？这决定了你的管教方法A是满足你的内在需求O（目标）还是孩子的O（目标）？抑或是你和孩子达成的共同的O（目标）？

让我们看看POA是如何运作的（如图9-2所示）。

小亮（化名）因为爸爸忙于工作而顾不上理自己，显得有点儿闷闷不乐。爸爸正在赶一份报告，要在1个小时后交给用户。小亮拿着一杯饮料，在爸爸身边转来转去，结果把一整杯饮料全洒在了爸爸刚打印出来的报告上。爸爸瞬间怒气冲天，大声训斥小亮，还踹了他一脚。

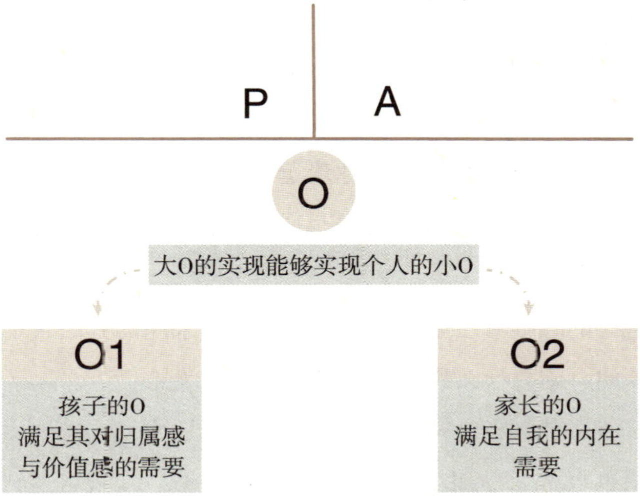

图9-2　找到共同的O（目标）

第一步：辨别（判断一个管教行为是否有效/为什么无效）。

在这个案例中，小亮在爸爸身边走来走去这个行为A（方法）背后的O（目标）是寻求爸爸的关注，从而满足他对归属感的需要（Why）。

而爸爸之所以这么生气，是因为小亮把饮料洒在刚做完的报告上，阻止了爸爸按时交付报告这个目标O的达成。

让我们来看看爸爸采用的管教方法A是否有效（如图9-3所示）。

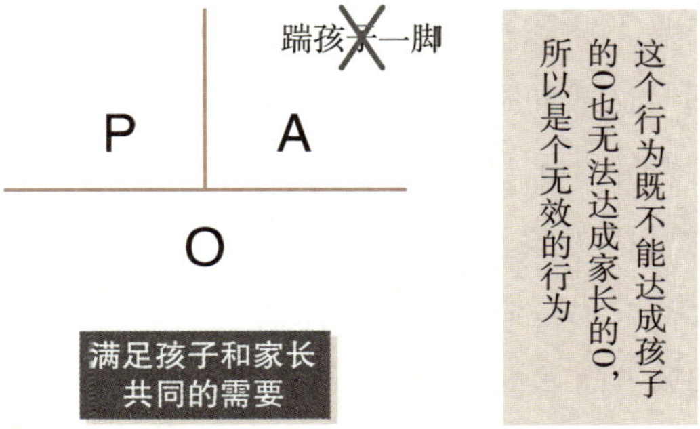

图9-3　用POA判断你的管教方法是否有效

爸爸大声训斥并踹了小亮一脚，可以满足小亮寻求关注的需要吗？

答案是不可以。不但不可以，反而还会让小亮觉得爸爸不爱自己了，更加无归属感和价值感。

同时，这个管教方法可以达成爸爸按时交付报告的需要吗？答案也是否定的。因为打骂小亮只是一种惩罚行为，和爸爸按时顺利地提交报告毫无关系。

用这样的思维方法就很容易去辨别我们采用的方法A是否有效，也很清晰地看到为什么我们的管教行为是无效的。

第二步：梳理——从冰山上来到冰山下，从关注技法回归关注心法，用POA思维解决生活中遇到的育儿挑战，实现自运转。

当我们学会了辨别之后，再来说一说家长们最关心的。在生活中遇到育儿挑战的时候，如何通过POA找到有效的管教方法。

无论人们是做还是不做某事，都是在试图满足某个内在的需要。从孩子的维度，我们需要透过孩子的行为看到他们背后的目的。从家长的维度，我们需要看到自己这个行为背后的需要。

回归那个最根本的问题，家长要把孩子当成伙伴P，找到他们共同的目标O以及实现它的方法A。这个方法就是有效的管教方法。

举个例子，大多数时候，小孩子做出的只是“与其年龄相称”的行为，而不是不良行为。如果我们可以对孩子的适龄行为了解更多，那么在面对这部分原因发生的“不良行为”时，就可以很容易理解行为背后的目的O。

家长们常常因为孩子爬窗台、钻桌子、跳上跳下而感到焦虑，觉得这孩子怎么总做危险的事儿，太淘了、太不好带了……实际上这都是孩子们的空间敏感期行为。

用POA思维梳理一下，从孩子的维度来看，O（目标）是探索空间。

从家长的维度看，O（目标）是保护孩子的安全。家长和孩子是伙伴P，他们共同的O（目标）是安全的探索空间，然后他们就可以共创出很多好的方法A了。比如，制定规则、达成约定，哪里可以探索，哪里不可以，或者家长在一定的安全距离内保护孩子等。

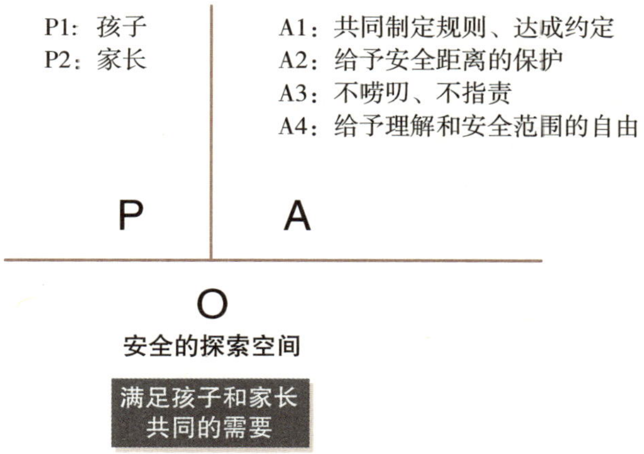

图 9–4 POA版正面管教

育儿的路上，心法不通，技法则无用，O（目标）是我们的心法，A（方法）是我们的技法。POA极简思考法帮助我们回归关注心法上，从解决表面的问题转变为解决问题的本质。

敲黑板，画重点

不急不躁、不吼不叫的轻松育儿口诀：

- 把孩子当作伙伴P：找到共识的O（目标），和孩子一起共创方法A，解决问题，享受亲子关系。
- 从关注行为A（方法）转变为关注行为A（方法）背后的O（目标）：从根本上找到可以满足家长和孩子共同需要的有效管教方法。

IT'S TRULY POA

第十章 POA：可复制的极简哲学

此刻我们身处一个“不安的时代”，极度混沌，看不清未来。身处这样的时代，人人都需要确立自己安身立命的“人生哲学”，也就是自己的人生指南针。

第一节 | 让人生哲学引领你

在人的一生中，时刻都会遇到需要做决定和判断的情况。无论是求学、就业、恋爱，还是结婚，我们都会不断地面临选择。生命就是所有选择的累积，也就是说由一连串的决策所构成。

换句话说，过去的种种抉择积累下来，就形成了我们现在的人生，而今后所做的各项抉择也将决定未来的人生。因此，是否拥有一套自己的“人生哲学”，以作为决策和选择的依据，将带给我们截然不同的人生。

为什么非得建立如此一套哲学？

因为漫无方向的选择就像没有航海图的冒险，缺乏“人生哲学”的行动就像在没有灯光的黑暗中前行。一提到“哲学”，有人或许会觉得深奥晦涩，不愿意听，其实简单地说，就是自己的人生观、伦理观、理念或道德。这些会形成我们生命的主轴，当人生偏离方向时，会带我们回到原来的轨道。

越是拥有超凡才能的人，越需要一个引导自己走向正途的人生指南针，而这个指南针就是自己的理念和思想，也就是人生哲学。

缺乏人生哲学，人格不成熟的人，就算再怎么有才，也是“有才无德”，无法把难得的才能发挥在正途上，还会误入歧途。构建自己的人生哲学不是经营者或伟大的人的专利，是所有人的共同使命。

POA是能够引导人走向最正确的道路的基本原则，换个词说，就是哲学吧！然而POA并不是来自学术上的种种深奥道理，而是从经验与实践中所产生的人生哲学。

POA可以被视为人生哲学，“凡事先问O”追其根源，拨开纷纷扰扰，避免错把A（方法）当作O（目标）。越是纠缠不清，看似复杂的问题，越应该回归原点，根据最简单的原则来判断。

此刻我们身处一个“不安的时代”，极度混沌，看不清未来。身处这样的时代，人人都需要确立自己安身立命的“人生哲学”，也就是自己的人生指南针。

第二节 | 简单是人生和企业经营的基本原则

人往往容易把事情想得太复杂，可事情的本质往往很简单。看似越复杂的，其实构成要素可能越简单。比如，人类的基因是由30亿个碱基对排列而成的，数目庞大到令人无法想象，然而其构成元素却简单得只有碱基、核糖和磷酸。

把各种事物的现象简单化，就会越来越接近其本质。因此，努力练就这种思维：越是看起来复杂的事物，越应该从简单的角度重新审视。

POA极简思考法就是这样一种把复杂事情简单化的思维，组织飞轮促动模型更是一种极简经营之道。

说到崇尚极简的代表人物，我首先要致敬已故的乔布斯，他是一个纯粹的极简主义者，提倡“少就是多”的哲学思想，他的极简主义哲学渗透到了苹果的产品设计和他个人的生活中。在生活中，他习惯穿黑色的上衣、牛仔裤。他设计出来的苹果产品虽然界面简洁，却让每一次发布会惊艳世界。他眼里的产品是如此纯粹。

乔布斯对极简的诠释：复杂的东西最容易被人忘记，唯有简单将会永恒。

第二位便是“微信之父”张小龙。他对于极简的诠释淋漓尽致地体现在微信这个产品和他的年度演讲上。

有人对张小龙的演讲稿做了词频统计，发现没有谈“思维模式”，没有谈“底层逻辑”，没有谈“商业模式”，没有谈“认知升级”，没有谈“流量池”，没有谈“灰犀牛”和“黑天鹅”。同样地，张小龙没有谈“战略”，没有用到“复盘”这个词，类似“未来已来”的惆怅也没有提到。唯一提到过的时髦词汇是“套路”，还是给予了否定的表述：“对待用户，必须善良，而不是套路。”

张小龙的演讲近4个钟头，大约3万字，没有任何与时俱进的词汇，他讲得很实在，要从用户角度出发。他对极简的理解如下：少一点儿新词，多想一会儿常识。

最后一位是日本著名的杂物管理咨询师山下英子，她是“断舍离”思想的提出者。“断舍离”的概念非常简单。“断”——断绝想买回家但实际上并不需要的东西；“舍”——舍弃家里那些泛滥的破烂；“离”——脱离对物品的执念，处在游刃有余的自在空间。“断舍离”先从整理自己的头脑开始，给思维做减法，给行动做减法，给生活做减法。

我们常常在纠结每天要穿什么、每顿要吃什么，在每个决定之间犹豫不决，好像得了“选择障碍症”。其实，只是我们的大脑失去了重点，总是遇见什么信息处理什么信息，处理不了但又挥之不去的，就形成了执念，于是开始相信“缘分”，而不再相信自己。

比如，你今天看到一款全新的笔记本电脑，你想拥有它，于是开始努力，一天又一天，就在快成功的时候，你又遇到了一款更炫酷的手表，于是你的大脑又开始处理手表了，决定同时为了电脑和手表奋斗，努力到一半，大脑又开始憧憬旅游了……

慢慢地，你会发现身后一片狼藉，太多的事情半途而废，太多的期许无功而返，太多的欠债无能为力……你的O（目标）到底是什么？

POA极简思考法让你回归问题的本质。用这种思维方法让大脑越来越轻松，不被纷繁的A（方法）干扰和迷惑，而对问题的核心越来越敏锐。以POA作为决策和选择的依据，将带给我们截然不同的人生。

POA思维的极简体现在：

- 只有三个元素O（目标）、P（伙伴）、A（方法）；
- 一个循环。

将“凡事先问O”作为第一原则，它能帮助你明确要去哪里。“谋定而后动”，问O（目标）就是谋定的过程，谋定解决了，后动才涉及具体A（方法）的问题，解决如何“动”的事情。明确了去哪里，就需要找同道中人了，这是拉P（伙伴）的过程。对于P，我们有做介绍，分为真P（伙伴）和假P（伙伴），陪在身边的不一定是真P（伙伴），远观的未必是假P（伙伴），关键就看大家的目标O（目标）是否一致，毕竟“众里寻他千百度，蓦然回首，那人却在，灯火阑珊处”。

第三节 | 把这种思维方法复制到自己的思想中

我之所以不断地强调哲学思想，是为了让大家拥有正确的思维方法。如果仅仅把它看成一种认知型的知识，或者仅仅把它看作一种工具，只是在脑子里知道这种正确的思维方法，那么你并没有“复制”它。

如果不能把它融入自己的思想中，在人生的关键时刻以及在每天的工作生活中灵活运用的话，就完全无法体现其价值。

只有达到“即使在无意识的情况下，也仍然能遵循POA思维方法行动”这样的境界，才算是拥有了自己的思维方法。要想复制这种极简哲学，没有捷径可走，唯有身体力行。

遵循着这个原则，我不断地探索POA的上限，把POA用在商业中，用在组织中，但是我发现一个问题：大家都在讲“组织”，可“组织”究竟是什么？谁来定义它？

而每个在“组织”这个系统内的人，往往只能看到某个局部。就像盲人摸象无法形成完整的组织画像，因此也无法弄清楚“组织”这个系统是由哪些要素组成的，更搞不清楚这些要素的内在关系与相互作用，所以对全局和系统间关系认知的缺失，会为组织的发展带来组织负债。

所以，我希望POA能帮助大家构建这样一个全局，而且是可视的，因为POA一直强调画面感，于是促动飞轮组织模型应运而生，它聚焦商业的基本面，而非对变革的空想理论推断。它来源于实战，被多种类型的企业证明极简有效。我的下一本书将会围绕这个组织模型展开。

很高兴看到在我身体力行的路上，POA从一个名词发展到今天拥有了一大体系、两层循环和八大模块，也拥有了完整的模型框架+方法论+工具+实施流程。今天我想将它分享给更多的人，希望帮助大家构建这样一个底层思维。

第四节 | 身体力行地开启自我进化的英雄之旅

体会重于知识，这是人生重要的原则。换句话说，就是“知道”与“会”之间未必能画上等号。这是在提醒大家，千万不能因为“知道”就以为自己已经“会”了。

进入重视知识的信息时代以来，认为“知道之后自然也会了”的人好像越来越多，其实那是大错特错。“会”与“知道”之间存在着一条鸿沟，欲加以填补，需要依靠身体力行，在任何场合都要践行和运用，才能彻底理解和吸收这样的思维方法。

凡事唯有知识再加上行动，才能真正“学会”，否则顶多只能算“知道”。

“唯有自己亲身参与所得的实践经验，才会成为最珍贵的资产。”

每个人都是自己故事里的英雄，把POA作为自己的人生哲学，走上属于自己的英雄之旅，以它作为决策和选择的依据，看似简单，但它正是能够看清事物本质，做出正确判断的方法。而且，其适用范围不仅局限于日常的工作和经营，也适用于人生中的万事万物，可谓是“放之四海而皆准”的基本原则。

POA这盏明灯，让许多学习了POA的伙伴的人生发生很大的变化。在企业的实践中，因为它是底层逻辑，所以不受行业的局限，它不仅是企业成长发展的思维方法，还是一种人生哲学，能够成为使众人拥有幸福人生的指南针。

附录一：

POA极简思考法重要心法口诀

1. 用心渴望的目标一定能实现；
目标必须来自“强烈改变的愿望”和背后的“WHY”，缺一不可。

2. 凡事先问O；
用O选A。

3. 在一起的并不一定是真伙伴P，实现目标需要真伙伴，真伙伴是动态的，会进行转变。

4. 目标凝聚伙伴，伙伴共创方法，方法服务目标，这3句话是POA循环的核心思想。

5. POA的小循环一旦转起来，你要做的就是减少阻力，增大动力。让清晰的O、合适的P、匹配的A三者彼此作用，生生不息。

附录二：

POA极简思考法升级打怪进阶指南

STEP5：POA对于商业组织的赋能
参见章节《促动飞轮重塑商业组织》

STEP4：一群人的POA
参见章节《“转”起来的POA，商业组织的促动飞轮》

STEP3：用POA极简思维进行信息下载
参见章节《转起来才有用》

STEP2：认识POA的三支柱
参见章节《POA三支柱之重新认识目标O》及后面两章

STEP1：认识一种极简高效的思维方式
参见章节《POA的前世今身》

附录三：
POA优秀社群负责人和伙伴寄语

POA是一条极简法则。它存在于生活中的方方面面，行动力的提升可以在不知不觉中进入你的思想，并自主完成。读完这本书，我相信，无论是企业还是个人都会觉得，行动起来原来如此简单。

——POA北京社群负责人/
盎舍学院生涯传播大使团团长李鹏飞

POA极简思考法，它的极简就体现在易用性，可以在复杂的管理体系中抽丝剥茧，并找到问题和解决方案。

——POA广州社群负责人/企业培训师/陈大班

POA是我们了解自己、分析现象和高效决策的一个易学、易懂和好用的工具。POA极简思考法让你用仅有其他理论10%的都不到时间精力，拆解原先困扰你的90%的问题。用“极简”形容它，当之无愧。

——POA新疆社群负责人/
混沌大学郑州分社企业拓展部经理/冯靖博（包子哥）

POA思维模型已经成为互联网创业者孵化创业项目的重要理论，

它除了能帮助创业者快速掌握团队建设核心，还能在梳理商业模式、整合资源等方面起到思考框架的作用。

——POA深圳社群负责人/
清华启迪科技园深圳南岭负责人/深圳市创业导师/张德智

POA是一套分析及改善问题的思路、流程、工具和方法，适用于各种组织中不同的管理情境。这是一本拿来即可用的书!

——POA东莞社群负责人/开拓国际有限公司总经理/谢明辉

这是一本最实战的思维书，思维路径简单明了，更容易提高团队执行力，提升沟通效率，进而快速取得成果。这是一种非常值得在公司推行的思维方式。

——湖南颂雅文化传播有限公司/总经理　吴广

POA极简思考法是打开了我人生的“新窗口”，让我在实现人生O（目标）的过程中更坚定。

——POA长沙社群负责人/杨秋月

图书在版编目（CIP）数据

这才是POA：可复制的极简管理哲学 / 查理著．—北京：中国法制出版社，2020.5（2020年7月重印）

ISBN 978-7-5216-1053-6

Ⅰ．①这…　Ⅱ．①查…　Ⅲ．①公司－企业管理　Ⅳ．①F276.6

中国版本图书馆CIP数据核字（2020）第078009号

策划编辑：潘孝莉

责任编辑：刘　悦　　　　封面设计：汪要军

这才是POA：可复制的极简管理哲学

ZHE CAISHI POA：KE FUZHI DE JIJIAN GUANLI ZHEXUE

著者 / 查　理

经销 / 新华书店

印刷 / 三河市紫恒印装有限公司

开本 / 710毫米×1000毫米　16开　　　　印张 / 15.25　字数 / 177千

版次 / 2020年5月第1版　　　　2020年7月第2次印刷

中国法制出版社出版

书号 ISBN 978-7-5216-1053-6　　　　定价：66.00元

北京西单横二条2号　邮政编码 100031　　　　传真：010-66031119

网址：http://www.zgfzs.com　　　　**编辑部电话：**010-66073673

市场营销部电话：010-66033393　　　　**邮购部电话：**010-66033288

（如有印装质量问题，请与本社印务部联系调换。电话：010-66032926）